高等职业学校"十四五"规划公共基础类
通识教育课程群建设新形态精品教材

实用应用文写作教程

⊙ 主　编　梅四海
⊙ 副主编　聂汉琳

华中科技大学出版社
http://press.hust.edu.cn
中国·武汉

图书在版编目（CIP）数据

实用应用文写作教程/梅四海主编．—武汉：华中科技大学出版社，2024.1（2025.2重印）
ISBN 978-7-5772-0591-5

Ⅰ.①实⋯　Ⅱ.①梅⋯　Ⅲ.①汉语-应用文-写作-教材　Ⅳ.① H152.3

中国国家版本馆CIP数据核字（2024）第021352号

实用应用文写作教程
Shiyong Yingyongwen Xiezuo Jiaocheng

梅四海　主编

策划编辑：周晓方　宋　焱
责任编辑：陈　孜
装帧设计：赵慧萍
责任校对：张汇娟
责任监印：周治超

出版发行：华中科技大学出版社（中国·武汉）　　电话：(027) 81321913
　　　　　武汉市东湖新技术开发区华工科技园　　邮编：430223
录　　排：华中科技大学出版社美编室
印　　刷：武汉市籍缘印刷厂
开　　本：787mm×1092mm　1/16
印　　张：12
字　　数：277千字
版　　次：2025年2月第1版第2次印刷
定　　价：49.80元

本书若有印装质量问题，请向出版社营销中心调换
全国免费服务热线：400-6679-118　　竭诚为您服务
版权所有　侵权必究

前 言

我们为什么要编写这本教材

应用文写作是高等学校普遍开设的一门公共基础课。高等学校尤其是高等职业院校，是大多数年轻人在校学习生涯的最后一站，他们面临即将走上社会的现实选择，今后要适应社会，做好自己的工作，为建设我们的国家作出更大的贡献，都需要掌握一定的社会知识，明白基本的人际交往事理，具备一定的人际沟通的能力，从这个意义上讲，开设应用文写作这门课程对于高等学校的学生来说是十分有必要的。因此，编写一本好的应用文写作教材是非常重要的。那么什么样的教材是好教材呢？多年来，我们一直从事应用文写作的教学工作，一直在使用同行编写的教材，我们在多年的教学实践中对这个问题有了一些思考，并按照这些思考编写了本教材。这些思考主要包括以下几个方面。

一是在指导思想上，立足高等职业院校"以服务为宗旨、以就业为导向、以能力为本位"的人才培养目标，把"学会做事"作为学生学习应用文写作的最终目的。写作应用文是为了解决工作、生活和学习中的实际问题，因此，学习应用文写作，绝不仅仅是知道格式怎么写就行了。我们首先要明白：每个文种的作者和接收者分别是什么人，在什么情况下需要使用这个文种，之后才是具体的格式、写法和用语上的要求。只有这样，才能真正培养学生的处世能力，实现"以能力为本位"的人才培养目标。

二是在编写原则上，本教材是各专业通用的应用文写作教材，立足于公共基础课，而非专业基础课。因此，我们的原则就是力求贴近学生当前的学习及今后的工作、生活实际，所选文种是各行各业的人都会用到的常见应用文。从这个意义上讲，本教材的着眼点在于培养学生作为一个"社会人"应有的应用文写作能力，当然，写好了这些常见的应用文对他们未来的专业发展和职业能力提高的作用也是不言而喻的。

三是在编写体例上，我们的目标就是要便于教学——既便于教师教，又便于学生学。基于这样的考虑，本教材中每种文种的教学大致分四个部分：第一部分是基本知识，第二部分是格式写法，第三部分是例文评析，第四部分是课堂练习。同时，本教材在每一章的开头,做了章节说明和教学建议。应用文写作教学重在练习,因此建议教师在课堂上安排时间要求学生当堂完成练习,教师当堂批阅,并在下节课开始前对上节课学习情况进行点评,要求学生对照点评进行改正;同时建议教师将学生课堂练习的完成情况作为期末考核的重要依据。

四是在教材特点上,本教材力求例文真实、新颖。目前通用的应用文写作教材可谓汗牛充栋,但都大同小异,没有特色,这也是应用文本身的特点决定的。它的基本知识是特定的,格式写法是规范的,应用文写作教材要想创新、突破,只有在例文上想办法。一方面,本教材力求选用真实的例文,从报刊、网络、有关部门寻找适合的例文选进教材,这对青年学生了解社会是有所帮助的;另一方面,我们力求选用较新的例文,新的例文在形式上会有一些新的特点,这可能给我们写作应用文带来一些有益的启发。

五是在目标受众的设定上,基于上述第二点的考虑,本教材适合于高等院校特别是高等职业院校各专业的学生使用,同时对想要学习应用文写作的社会各界人士也不无裨益。

基于以上思考,我们把本教材的名称定为"实用应用文写作教程"。

这是我们第一次编写应用文写作教材,因水平有限,不免存在不足和疏漏,希望各位使用者批评指正,不吝赐教,以便我们今后的修订。

本教材的编写,参考和借鉴了诸多同仁的学术研究成果,我们已将参考的书目列于书后,在此一并深表感谢。

《实用应用文写作教程》编写组

二〇二三年九月三十日

目录

第一章　应用文写作基本知识　…1
第一节　应用文的概念与作用　…1
第二节　应用文的种类与特点　…5
第三节　应用文的表达方式和语言要求　…9
第四节　学习写作应用文的基本要求　…18

第二章　公务文书　…22
第一节　公务文书概述　…22
第二节　通知　…33
第三节　通报　…36
第四节　报告和请示　…40
第五节　批复　…44

第三章　事务应用文　…49
第一节　计划　…49
第二节　总结　…53
第三节　述职报告　…58
第四节　策划书　…63
第五节　公示、启事和声明　…66

第四章　宣传应用文　…75
第一节　新闻　…75
第二节　通讯　…81

第五章　学业应用文　…87
第一节　实习报告　…87
第二节　毕业论文　…89
第三节　求职信　…98

第六章　财经应用文　　　…104
　第一节　经济合同　　　…104
　第二节　劳动合同　　　…112

第七章　社交礼仪应用文　　　…118
　第一节　介绍信和证明信　　　…119
　第二节　申请书和倡议书　　　…123
　第三节　感谢信和慰问信　　　…128
　第四节　贺信和祝词　　　…132
　第五节　请柬和聘书　　　…137
　第六节　欢迎词、欢送词和答谢词　　　…141
　第七节　讣告、悼词和唁函（电）　　　…147

第八章　法律应用文　　　…154
　第一节　起诉状　　　…154
　第二节　答辩状　　　…166
　第三节　上诉状　　　…170
　第四节　劳动争议仲裁申请书　　　…178

参考文献　　　…186

第一章　应用文写作基本知识

章节说明

本章的学习目的是了解应用文的概念和特点，了解应用文在表达方式和语言上的特殊要求。俗话说"磨刀不误砍柴工"，本章节对于应用文写作而言就是动笔前的"磨刀"。

教学建议

建议教学时安排四课时，第一、二节两课时，第三、四节及训练设计两课时。

第一节　应用文的概念与作用

一、应用文的概念

什么是应用文？我们知道，以前语文课本上所学的课文可以分为两大类：一类是文学作品，即诗歌、小说、散文、戏剧等；另一类是应用文章，即记叙文、说明文、议论文、应用文等。实际上，记叙文、说明文、议论文只是我们在中学时所做的写作练习，目的是熟练地运用记叙、说明、议论这三种表达方式。在实际生活中，我们并不会在没有明确需要的情况下，去写这三种类型的文章，而是在写作新闻报道、调查报告、鉴定书、说明书、毕业论文等应用文中用到这三种表达方式。从这个意义上讲，以前所做的作文练习都是为写作应用文做准备的。在实际生活中，人们大多会在两种情况下写作：一种是进行文学创作，另一种是因实际需要去写作。

文学作品和应用文有什么区别呢？其一，文学作品可以虚构，应用文必须真实；其二，文学作品重在表达思想，抒发感情，即重在审美，应用文或记一件事情，或阐明一个道理，或说明一件事物，重在解决问题，即重在实用；其三，文学作品叫创作，应用文叫写作；其四，从接受的角度讲，文学作品叫欣赏文学作品，应用文叫阅读应用文；其五：文学作品并非非写不可，可以想写就写，也可以过一段时间再写，这段时间可长可短，一天或几十年均可，创作之后可以发表，也可以不发表，只留给自己欣赏。应用文就不同了，比如请假条，学生要请假时，应提前写好请假条交给老师，批准了才能请假离开，不能"先斩后奏"。再比如新闻报道，必须在第一时间把它写下来，尽快见报。因此，应用文的定义为：人们在工作、学习和生活中，为了解决实际问题，与人沟通、交流而进行的写作活动，写出来的文章就是应用文。这个活动可以是个人的，但更多是集体的，这个集体可以是党政机关，可以是社会团体，也可以是企事业单位。

为了正确理解应用文的概念，应把握以下几点。

（1）应用文是文章中的一大类别，既然是文章，它就有文章的共性和价值，就不能轻视它，其也不是随意为之就可以写成、写好的。曹丕的《典论·论文》写道："盖文章，经国之大业，不朽之盛事。"他所说的"文章"就包括章、表、书、记、铭、诔等应用文体。从秦朝李斯的《谏逐客书》、西汉司马迁的《报任安书》、三国时诸葛亮的《出师表》，到毛泽东的《湖南农民运动考察报告》等，都是应用文，同时这些也都是具有极高艺术价值的文学作品。因此，我们应该高度重视应用文在文章中的地位和价值，努力学习写作应用文的知识、方法和规律，写出好的应用文。

（2）应用文之所以叫应用文，就因为它有实用性、功利性，它是用来解决工作、生产、学习和生活中的实际问题的。大到国家管理，处理国际事务，小到班组管理，处理个人事务，都离不开应用文。这又把应用文和非实用性的文学作品的特性明显地区别开来。文学作品给人以美的享受，在审美中陶冶人的情操、净化人的心灵、提高人的境界，它主要作用于人的感性、情感层面；应用文是解决客观现实中存在的具体问题，因现实社会和人的具体需要而写作的，它主要作用于人的理性、意志层面，并通过理智、意志去改变、制约人的行为、行动，从而实现明确的功利目的。

（3）应用文为了更好地实现其功利目的，需要最直接、最有效地表达观点、交流思想、传播信息、解决问题，并且要做到不生歧义，便于共同理解、掌握和使用，因此，应用文要求内容真实可靠，语言简明朴实，格式规范统一。如公文以法规的形式规定了文种及其统一的格式，合同实现了国家规范统一的文本制度，书信等其他应用文文种都各有其约定俗成的惯用体式，甚至连一些用语也有统一的规定用法。因此，有人把写作应用文比作"戴着镣铐跳舞"。而文学作品就不同了，它最忌公式化、概念化，最忌彼此模仿雷同、千篇一律，它最需要的是想象，是合情合理的虚构和夸张，在内容、语言、结构和表现方法等方面都力求自主创新、自由创造。应用文则绝对不允许有想象、虚构和夸张的内容，真实和可行是应用文的生命与价值所在。

（4）应用文的使用对象和使用范围十分广泛，上至党和国家的最高机关、各级政府机构、企事业单位及其领导人员和办事人员，下至每个社会团体和公民，无论是政治、经济、文化、外交领域，还是军事、法律、教育、科技领域，无论是公务还是私事，都普遍使用应用文，以便及时地处理和解决党务、政务、军事和外交等问题，及时地处理和解决工作、生产、学习、生活中的各种实际问题。而文学作品是由作家创作的，读者对象主要是文学研究者和文学爱好者，且创造一部作品，少则几月、多则几年，甚至几十年，强调的是"十年磨一剑"，不像应用文那样追求时效性。

正因为应用文的使用范围十分广泛，几乎涉及社会生活的各个领域、各个部门、各个阶层，甚至可以说是无处不有，所以，著名教育家叶圣陶先生曾说过："大学毕业生不一定要能写小说诗歌，但是一定要能写工作和生活中实用的文章，而且非写得既通顺又扎实不可。"叶先生所说的"实用的文章"，就是指应用文。为什么大学毕业生一定要能写应用文呢？因为在现实社会里，人们无论学何种专业，从事何种工作，都要懂得写计划、总结、请示和报告等各种公文，搞经济工作，要会写经济活动分析报告、市场调查报告、经济合同和产品说明书等，法律工作者要能写好诉状、上诉状、答辩状等。在人们的生活中，总离不开书信、启事、请柬、聘书和申请书等。随着社会的发展和进步，人们越来越重视以书面语言作为工具来进行社会管理，组织社会生产和生活，从事政治、经济和文化活动，传播科技知识，交流社会信息，提高工作效率。因此，在校大学生，无论是文科类学生，还是理、工、农、医科类学生，都要认真学好应用文写作这门课程。

二、应用文的作用

应用文种类繁多，且每一种应用文都有自己独特的作用，这是因为应用文是适应人们的实际需要而产生、发展的。概而言之，应用文的作用就是处理各种各样的公私事务、解决各种各样的与公私事务相关的问题。具体说来，应用文的作用可归纳为如下几点。

1. 领导和管理作用

党和政府对国家的领导和治理就是通过制发应用文（如行政公文等）来实现的。这类应用文承载的内容是党和政府在一定的历史时期内制定的路线、方针和政策，提出的工作任务、奋斗目标和战略部署，以及完成任务、实现目标的具体措施、办法和期限等。这类应用文是各级党政机关、社会团体、企事业单位和每个公民必须认真履行和严格遵守的，是处理各种事务、解决各种问题的依据。不仅如此，各级领导机关制发的应用文，如命令、指示、决定、批复等，都要求其下级机关和有关人员严格遵守执行，有一定的强制性和行政约束力。即使是基层组织所制定的规章制度，如车间、班组等，也规范着所属员工的言行，并成为判断其言行正确与否的依据。运用应用文这个工具，贯彻相应的规范、标准和制度，党中央、国务院实现了对全国的领导和治理，上级实现了对下级的领导和管理，组织实现了对其成员的领导和管理。

2. 沟通和协调作用

社会是一个大网络。各级、各类社会组织和每个人都是这个大网络中的一个环节，都必须同其周围的其他社会组织或个人发生这样或那样的联系，进行信息交流，相互协作，才能生存发展。应用文是各方联系、交流的纽带和桥梁。通过纵向传递，应用文可以把不同层次的部门，上至中央、下至基层单位甚至个人，紧密联结为一个整体。上级的意图、要求可以传达给下级，下级的希望与请求、工作情况、各种动态，特别是新情况、新问题和新经验等可以及时向上级反映汇报。通过横向传递，应用文可以把同级部门或社会各界联系起来。在实际工作中，同级部门相互之间要经常沟通和协调，共同完成某项任务，互相知照有关工作的进展，以争取各方的支持、配合与协作。这样，通过应用文，能够把上下左右的工作有机地联系起来，使各种信息的输出和反馈及时准确，调动起各方面的力量，统筹兼顾，上下合拍，左右沟通，内外协调，可以极大地提高工作效率。

3. 宣传和教育作用

应用文的宣传和教育作用主要体现在以下几个方面。其一，党和国家的路线、方针、政策和法令等，都是以应用文的形式传达给各级政府的。这类应用文通常称为文件或行政公文，它本身就是一种对广大干部和群众的宣传教育，使干部和群众明确党和国家在一定时期内提出工作任务的根据和意义，完成任务的指导思想、具体措施和期限，懂得该做什么、不该做什么，应该做到何种程度，从而达到统一思想、统一行动的目的。即使是下级写给上级的报告、请示，也具有一定的宣传作用，可以使上级机关了解下级的工作情况以及需要帮助解决的具体问题。其二，财经应用文和事务应用文也具有宣传和教育作用。如计划和总结等，可以使上级和本单位的群众明了在一定时间内的工作目标和工作任务，以及取得的成绩、积累的经验和应吸取的教训等。再如市场调查和预测报告等，可以使有关方面了解市场运行的现状和发展趋势，并提出相应的应对措施，为决策提供参考依据。商业广告和商品说明书的宣传和教育作用就更加明显了，不仅告诉消费者商品知识，而且指导消费者如何选购商品、使用商品。其三，社交公关应用文同样具有宣传和教育作用。各类祝词和贺词，不仅向人们宣告了某一值得祝福、庆贺的事项，而且称颂了当事人的事迹、成绩和精神品德，即使是讣告、悼词，尤其是为杰出人物写作的讣告、悼词，也宣传了逝者的功业、情操，教育生者继承其未竟事业。

4. 凭证和依据作用

人类进入文明社会后，处理和解决公私事务问题，都需要一定的依据。从某种意义上说，人类创造文字，就是为了确立处理事务、解决问题的凭证。历史事实证明，应用文的产生早于其他任何一种文体，这正是因为应用文在现实生活中具有凭证和依据的作用。在现代社会，应用文的凭证和依据作用更加明显。党和国家通过应用文把路线、方针、政策和法令传达给地方各级政府，地方各级政府依据党和国家的路线、方针、政策和法令行事，贯彻落实党和国家制发的各种应用文（如指示、意见、通知、决定等）的指导精神。党和国家在制定路线、方针、政策和法令时，除了深入实际、调查研究，获取第一手材料外，另一个重要的途径就是参考下级机关呈送的简报、报告、计划、总结等相应的材料。单位之间、单位和个人之间的联系，也经常用应用文作为凭证和依据，如合同、协议、介绍信、证明信等。各种会议纪要也有一定的凭证和依据作用。个人之间的往来，尤其是经济、权益上的往来，都需要应用文做凭证。例如：当自己的合法权益受到侵害时，人民法院依据起诉状立案审理；当他人帮助自己解决困难时，要写感谢信表达对他人诚恳的谢意；即使是参加他人的婚宴，也要有请柬为凭，若未收到请柬，一般是不宜贸然参加的。

机关、团体和企事业单位制发的应用文，大部分是要立卷、存档的，因为这些应用文反映了机关、团体和企事业单位及个人的种种活动，记载着各个时期政治、经济、军事、文化、宗教、民俗等不同层面的情况，积累了珍贵的历史资料，具有一定的科研价值，可以作为今后改进工作、发展生产，以及制定方针、政策、法规、条例等的参考和借鉴。即使是私人书信，尤其是有影响力的名人的书信，有相当一部分也是珍贵的历史资料。

5. 锻炼和展示作用

就个人而言，应用文还有锻炼工作能力和展现才华的作用。一个人工作能力的提高要在实践中摸索，而将实践中的经验教训形成文字可以使之更加明晰，从而更好地指导今后的工作。一般情况下，工作单位要求单位员工在工作开始前写计划、在工作结束后写总结，这既是上级领导管理的要求，也是员工提高个人思想认识水平、锻炼工作能力的重要方式。我们说一个人工作能力强，主要看他是否能说能写。竞争上岗常常要搞竞选演说，演说就要写演讲稿，那么演讲稿质量的高低就是写作者思想水平和工作能力的体现。毛泽东的《湖南农民运动考察报告》《论持久战》《论联合政府》三篇应用文，分别在我国的土地革命、抗日战争、解放战争三个关键时期统一了人们的思想，凝聚了革命的力量，从而奠定了他在中国革命史上的地位。所以，一个人应用文写得好，可以更好地体现自己的才华，发挥自己的才干，为社会作出更大的贡献。工作中实践动手能力强的人如果会写应用文，无异于"如虎添翼"。

第二节
应用文的种类与特点

一、应用文的种类

应用文的使用范围极其广泛，涉及社会生活的各个方面，因而种类繁多，并且随着社会历史的发展，有的文种会逐渐消失，新型的文种又会不断产生。当我们用不同的标准对应用文进行分类时，还会存在交错重复和难以界定的问题。因此，对应用文进行分类，不是一件容易的事，更是难以找到一种人人认可的分类方法。尽管如此，为了正确认识各种应用文的异同，了解和掌握它们各自的格式、结构和语言风格等方面的特点和规律，使应用文的写作更加规范化、科学化，以充分发挥其实际作用，我们应对应用文的众多文体做大致的分类，从整体上对应用文的种类有一个基本的了解。从应用文的写作具有解决实际问题、处理具体事务的作用这个角度，我们将应用文大致分为以下七类。

1. 公务文书

公务文书是行政机关在行政管理过程中形成和使用的具有法定效力和规范体式的应用文。这类应用文主要包括通知、通报、报告、请示、批复等。

2. 事务应用文

事务应用文是机关、团体、企事业单位在处理日常事务时形成和使用的一类文体。它可以反映情况、沟通信息、交流经验，也可以探究问题、布置工作等。这类应用文主要包括计划、总结、述职报告、策划书、公示、启事、声明等。

3. 宣传应用文

宣传应用文是通过各种大众传播媒介与公开的传播渠道迅速及时地传播信息以影响受众的专用文书。它以公之于众的文字材料，使受众了解事物的情况和传播主体的意向。这类应用文主要包括消息、通讯等。

4. 学业应用文

学业应用文是在校学生为完成学业需要写的应用文。这类应用文主要包括实习报告、毕业论文（设计）、求职信等。

5. 财经应用文

财经应用文是在财经活动中形成和使用的解决和处理各种财经实际问题的专用文书，用于生产、生活、经营和管理等经济活动方面。这类应用文主要包括经济合同、劳动合同等。

6. 社交礼仪应用文

社交礼仪应用文是人们在工作和实际生活中进行社会交往、密切人际关系而形成和使用的一类文体。它可以传递信息、表达意愿、增进感情，也可以协调关系，促进团结与合作。这类应用文主要包括介绍信、证明信、申请书、倡议书、感谢信、慰问信、贺信、祝词、请柬、聘书、欢迎词、欢送词、答谢词、讣告、悼词、唁函（电）等。

7. 法律应用文

法律应用文是司法机关、法人和自然人在诉讼过程中形成和使用的具有法律效力和规范体例的专用文书。这类应用文主要包括起诉状、答辩状、上诉状、劳动争议仲裁申请书等。

二、应用文的特点

应用文是文章的一大类别，同文学作品类文章相比较，既有共性，又有个性。应用文和其他文章一样，都来源于社会现实，都是对客观事物的反映。作者在写作前都要积累丰富的材料，提炼鲜明正确的主题；在写作时要谋篇布局，安排好结构层次，讲究用词准确、语句通顺，都要用记叙、说明和议论等表达方式，都要正确使用标点符号；写出初稿后都要反复推敲、修改。但是，应用文毕竟有它自己的个性特点，这些特点把应用文与文学作品及其他文章区别开来。应用文的主要特点有以下几个方面。

1. 广泛的实用性

应用文具有明确具体的实用性，这是它同文学作品等其他文章最主要的区别。各种应用文都有其实际用处，需要解决的问题是现实的，需要处理的事务是具体的。如：我们写一篇报告，是为了向上级机关汇报工作，反映情况，提出意见、建议，或为了答复上级机关询问的某一个问题；写一篇总结，是为了回顾上一阶段的工作，发扬成绩，改正缺点，把今后的工作做得更好；做一个广告，是为了宣传产品，开拓市场，扩大销量；制定一个规章制度，是为了规范人们的行为，维护正常的工作、生活和学习秩序。应用文的写作，都是为了解决好、处理好或大或小的具体事件、具体事务。文学作品也注重社会作用，但它的写作，主要是为了给人以审美的享受，使人们在审美欣赏中陶冶情操，提升精神境界，它能艺术地反映现实，但不能直接解决现实中存在的任何具体问题。应用文的写作，不是为了审美、为了欣赏，而是为了实用、为了应用，即直接用来解决工作、生活和学习中存在的实际问题。因此，由事生文，为事造文，讲究现实效用的有用性是应用文所特有的属性。现实生活中每个地方都要用到应用文，单位如此，个人也是如此。如：我们来到这个世界要用到应用文——出生证明，否则上不了户口；我们离开这个世界的时候也要用到应用文——死亡证明，否则火葬场不给火化；这中间要用到的应用文就更多了，身份证明、毕业证明、求职信，等等，任何时候都少不了；我们逛街购物，也是与商家签订并履行了一个口头合同；我们知道到哪个教室上课，都是因为有一个计划——课程表。可以说，应用文与我们的关系用一个成语来形容，就是"如影随形"。

2. 客观的真实性

应用文的内容是绝对真实的，无论是写已经发生的事，还是写将要发生的事，都必须真实可靠，都必须建立在事实、数据或事物发展的客观规律的基础之上。例如，写一篇市场调查报告，必须用确凿的事实和准确的数据反映市场的真实行情，才能寻求有效的对策，否则不但无用，反而会造成决策上的失误，带来不可挽回的经济损失。因此，写市场调查报告，必须进行深入细致的调查研究，全面、真实、准确地掌握相关市场的第一手资料，并辨别真伪，去粗取精，透过现象抓住本质，才能写出符合客观实际的市场调查报告，从而为决策部门提供真实可靠的依据，以发挥市场调查报告的实际效用。即使是写一篇交流情感的书信，也必须写真情实感，以真情实意打动对方，而不是虚情假意，虚假的情感不仅没有感人的力量，反而会引起对方的反感，甚至是厌恶。应用文中涉及的人和事，一定要确有其人、确有其事，情节、数字和细节都不允许有半点虚构、夸张或缩小，否则就不能发挥应用文的实际效用，不能解决和处理现实生活中存在的具体问题，还会给工作造成很大损失。

3. 规范的程式性

所谓程式性包括两个方面：一是"程"，即运转流程；二是"式"，即应用文的每个文种都有它的内在格式和外观样式。应用文有特定的处理程序，写出来后必须完成一个运转流程才能达到写作目的，如公文的发文和收文都有严格的规定，请假条写好了要请班主任批准，然后交给负责班级考勤的班干部，这才完成了写请假条这件事。应用文还具有独特而统一的内在格式和外观样式。所谓内在格式，包括书写、排印、行款式样、结构层次、习惯用语、称谓和签署等。在写作应用文时，要讲究格式的规范性，即要遵循约定俗成或法规规定的格式，不能别出心裁，标新立异，自行其是。在写作涉外应用文时，还应尊重他国格式的规范要求。应用文的每一个文种都有各自的格式，都有各自的使用范围和表现内容，不能混淆使用。例如，请示不同于报告，总结不同于计划，通告不同于公告，等等。应用文还有特定的外观样式，如：公文一般要用红头文件的样式，用 A4 纸打印，左侧装订；请假条须用一张空白纸，我们不能随便写在一个小纸条上。

4. 严格的时效性

应用文的时效性主要体现在两个方面：一是写作时间；二是发挥作用的时间。就前者而言，应用文的写作强调适时、及时，以便适时地提出解决问题的意见、办法和措施，保证工作顺利开展。计划总是写在事前，如对今后一段时间的工作、学习，对即将开展的某一重大活动等提前作出安排、部署；而总结多数写在事后，如对已经完成的某一工作的成败得失，对某一段时间工作的经验教训进行回顾。今年写去年的计划、写明年的总结，不仅无实用价值，而且会贻笑大方。又如会议通知，一定要在开会之前写出并送到与会者手中，让与会者做好参加会议的各种准备，否则就不能保证会议的顺利召开。一般来说，应用文都只在一定的时间内发挥作用，有些应用文还规定了生效期限，如介绍信、通行证等。有的应用文虽然没有写明生效或有效时间，但仍有很强的时效性，过期就会失效或降低作用，如劳动合同期满后，该合同就自然失效；处理某一事故的指示，当该事故处理完毕后，该指示的生命即自然终止，最多也只能作为资料存档备查。

5. 鲜明的针对性

应用文的针对性也主要体现在两个方面。一是有明确的行文对象。行文对象即应用文的阅读者、接受者、影响者以及在言行中遵循其内容精神的人。文学作品也有自己的阅读者，也要考虑到读者的接受要求，但文学作品的阅读对象是空泛笼统的，没有明确的约束，接受者尽可以凭自己的兴趣爱好自由选择。比如《红楼梦》你可以读，也可以不读；你读后可以这样评价，也可以那样评价。应用文则不是这样，尤其是公务文书，要求你阅读的，你必须阅读，并且要贯彻执行，并落实在实际工作中；没要求你阅读的，特别是绝密公文，则不能阅读，否则就违反了纪律。再如私人信件只有收信人才能拆阅，他人是不能拆阅的，否则，轻者受到社会公德的谴责，重者还要受到法律的追究。即使像布告、广告、启事这类应用文，也都有明确的接受对象，只不过范围界限不十分严格罢了，比如广告，都是针对目标消费者的心理、需求和购买习惯进行创意、制作的。二是有明确需要解决的问题或事项。应用文是解决实际问题、处理具体事务的。例如，生产中发现某些新产品质量不高，制定出《关于提高××产品质量的规定》，针对该产品提出提高其质量的一些具体标准、办法和措施，并要求有关部门认真执行。再如合资双方为了创办企业，首先要进行会谈，于是有了《会谈纪要》，在以后的会谈中，根据进展情况，还将有意向书、协议书，直至签订合同。为了保证创办的企业顺利发展，高效运行，还要制定企业章程。可见，应用文的内容都是明确针对具体事项的。总之，应用文是因人因事而作，其对象、内容必须有明确的指向性。

以上所述的应用文的特点，只是就应用文的普遍性而言，并没能概括出应用文的全部特点。实际上，每一类应用文都还有自身的特点。例如，公务文书除以上特点外，还有鲜明的政治性、法定的权威性、作者的特定性等特点。

第三节 应用文的表达方式和语言要求

一、应用文的表达方式

文章的表达方式是人们在长期的写作实践中形成的。常用的表达方式主要有叙述、说明、议论、描写和抒情五种。应用文主要运用前三种，后两种只会偶尔在消息、调查报告或广告中出现。即使是前三种表达方式，在应用文中的运用与其他文章也有明显区别。

（一）叙述

1. 叙述的概念和作用

叙述就是把人物的经历，事物或事件的发生、发展和变化的过程表述出来。它的思考内容是"怎么样"，即认为怎么样，事物或事件怎么样。叙述应该具备六个要素，即时间、地点、人物、事件、原因和结果。如果缺少了其中的某个要素，就会造成表达不清的结果。

叙述在应用文中的作用是介绍事件的基本情况，介绍事件的发生、发展与变化的过程，介绍人物的经历和事迹，介绍问题的来龙去脉等。

2. 叙述的种类和人称

先说叙述的种类。叙述这种表达方式可以有多种分类方法，从记述的顺序安排上看，有顺叙、倒叙和插叙；从记叙的详略程度上看，有详叙和略叙；从记叙的线索关系上看，有合叙和分叙；从记叙的不同角度上看，有直叙和婉叙；从记叙的结构上看，有纵叙和横叙。应用文适用的叙述方式，主要有顺叙、倒叙、插叙、略叙和分叙。

（1）顺叙是按人物的经历或事件的发生、发展和结束的先后顺序来叙述。这是一种最基本的叙述方法，应用文中的叙述绝大多数是顺叙。顺叙的优点是有头、有尾、有过程，文章的段落、层次与事件的发展过程相一致，能给人以完整的印象，也便于组织和安排材料。其缺点是容易导致平实、乏味，缺少起伏与波澜，所以在具有一定文学性、讲究记叙技巧的应用文体中，如通讯、调查报告等，往往要兼用其他叙述方法。

（2）倒叙是先叙述事件的高潮、结局，然后再以顺叙的方法写事件的开头与经过。这种方法一般用于比较曲折、重大的事情的叙述。其优点是容易造成悬念，诱发读者追踪、寻源的兴趣。在应用文中，倒叙用得较少，一般只用在通讯、调查报告的写作中。在运用倒叙这种方法时，要注意倒叙与顺叙部分的过渡和衔接，以免显得过于突兀，内容紊乱。

（3）插叙是循着主线叙述的同时，插进去一段叙述，或者说是把其他相关事件插入正在叙述的事件之中的一种叙述方法。所插入的事情与正在叙述的事件有内在关联，或回忆过去情节的片段，或对上文进行补充、解释。其优点是使文章内容更加充实丰富，更加曲折有致，但插叙不宜过长，以免旁枝逸出、喧宾夺主。应用文写作也很少使用插叙，一般只在消息、通讯、调查报告中使用。

（4）略叙是对人物的经历和事件的发展过程做简要叙述，即把和中心意思关系不大的材料写得比较概括、比较简略。略叙可以使文章的思想内容表达得比较完整。略叙与概述不同。概述的材料常常是主要材料，和主题关系密切，只是要粗线条地概括出事物的全貌和本质，而略叙是把辅助材料、次要材料写得简略一些。概述文字简约，视觉开阔。在应用文的写作中，使用概述较多，无论是顺叙，还是倒叙，都可以使用概述。因为在多数情况下，叙述的内容是为文章的主题、观点的表达提供事实依据的。

（5）分叙也叫平叙，是叙述两种或两种以上同时发生的事情时，可以先叙一件，再叙另一件，也可以两件事情相互交叉平行地叙述，这种叙述方法在应用文中用得也较少，一般只用于通讯的写作中。这是因为绝大多数应用文都要求一文一事，特别是行政公文应严格遵循一文一事的原则。

再说叙述的人称。叙述的人称是作者在叙述时的立足点、观察点，它表明了作者的身份和位置，表明了作者与叙述对象的关系。叙述的人称有以下三种。

（1）第一人称的叙述，作者以当事人的身份出现，即站在"我""我们"的立足点上来进行叙述，叙述的是"我"的所见所闻所感，或"我""你"双方共同的经历和感受。其称谓一般是"我""我们"，也有将人称代词和名词合用而构成复称，以加强语气的，如"我英勇的人民解放军""我们工人阶级"等。第一人称的叙述是偏重于主观性的叙述，其优点是使读者感到亲切、真实、可信，其缺点是局限于作者的见闻，不能叙述作者经历、见闻以外的事。第一人称的叙述在新闻、通讯、书信和法律文书等应用文中使用得较多。

（2）第二人称的叙述，其称谓是"你""你们"，即以对方的视角进行叙述。一般用于作者比较熟悉的对象或特指对象，有比较强烈的亲切感。相对而言，第二人称的叙述在应用文的写作中使用范围较窄，一般只用于书信、电报，如慰问信、感谢信、贺电等。

（3）第三人称的叙述，其称谓是"他""他们"，即以第三者的视角进行叙述。一般用于反映事物的全貌，陈述人物的经历与事迹，显得理智、冷静而深沉。第三人称的叙述，不受时间、空间的限制，具有极大的客观性和灵活性，多用于会议纪要、调查报告、消息和通讯等。

三种人称，有时单一使用，有时配合使用，只要从实际出发，就能收到较好的叙述效果。应用文的写作主要使用第一人称与第三人称两种。在使用第一人称时，一般是以本单位为立足点叙述事情，且多用无主语句式，以求简洁。

3. 叙述的要求

应用文中的叙述，与一般文章（尤其是文学作品）有较大的区别。文学作品中的叙述，要求具体、详尽、形象，要求能够感染读者，使读者如见其人、如闻其声、如临其境，从而产生感情上的共鸣，因此往往与描写结合在一起，并采用虚构、夸张等方法。应用文中的叙述则不是这样，它要求真实可靠、简明扼要。

先说真实可靠。真实可靠的叙述是应用文的关键之一，如果应用文中的叙述是虚假不真实的，那么这篇应用文不但失去了任何存在的价值，而且还会带来危害，有时甚至是极大的危害。所谓真实可靠，就是实事求是，如实叙述事情的本来面貌，不夸大、不缩小，更不能无中生有地虚构。

再说简明扼要。应用文中对人物、事件的叙述，也要求清楚完整，但它不是那种详尽、具体、形象、逼真的清楚完整，而是概括性、轮廓性的清楚完整。应用文中的叙述讲究详略得当，讲究以点带面，无论是写人，还是写事，都要从具体需要出发，抓住重点和典型，详细处虽然不可轻描淡写，但仍要做到宜精不宜细。无须面面俱到，更无须描绘铺陈，一切以简明扼要为主。

（二）说明

1. 说明的概念和作用

说明是一种对客观事物进行介绍和解说的表达方式，通过说明性的文字，把事物的形状、性质、状态、特征、成因、关系和功用等解说清楚，把人物的经历、特点等表述明白。说明不同于叙述，叙述侧重于反映事物的发展过程、人物的主要事迹，说明只是对事物或现象做理性的解说。

说明的特征决定了它在应用文写作中的广泛运用。大到对党和国家的政策、法规的宣传解释，小到对日用消费品的功能、使用方法的说明介绍，都要运用说明这种表达方式。这是因为说明可以从多方面展开内容，充分显示事物的客观性，使人们认识事物的本质；可以有效地点明意义，使主旨透彻明了，增强可信度和说服力。说明在应用文中的具体作用有：一是应用文中的通知、批复、解说词、说明书、商品广告等，主要是用说明的方法写成的；二是规章制度、司法文书、行政公文等在写作时也要广泛使用说明的方法；三是应用文在进行议论时，往往要用说明的方法来交代论据，为之后的议论提供坚实可靠的前提和基础。

2. 说明的方法

说明的方法多种多样，不同的写作目的要求使用不同的说明方法。应用文写作中，主要会运用以下几种说明方法。

（1）下定义。

下定义是用简洁的语言对某一事物的本质属性或某一概念的内涵和外延作出确切的解说。在应用文中，下定义可以明确界定问题的性质，准确概括事件、事物所包含的意义。例如，国务院二〇〇〇年八月二十四日印发的《国家行政机关公文处理办法》第二条指出："行政机关的公文（包括电报，下同），是行政机关在行政管理过程中形成的具有法定效力和规范体式的文书，是依法行政和进行公务活动的重要工具。"这里就是用定义说明的方法，明确界定了行政公文的性质、适用范围、特点和作用。

（2）分类别。

分类别是将被说明的对象，按照一定的标准划分成不同的类型，逐类进行解说。分类说明要注意将被说明对象正确地进行划分，每次划分必须有且只能有一个标准，否则容易造成混淆。例如，文学作品按体裁来划分，可以分成诗歌、散文、小说和戏剧四类。

与分类别相近的是分解说明，即将一个完整的事物根据认识的需要分解成几个部分，然后逐一进行解说。例如，把一棵树分解成树冠、树干和树根三个部分，就是分解。应用文中的各种说明书大多以分解说明介绍商品的名称、构造、观念、使用和保养方法等。

（3）举例子。

举例子是用具体的实例来说明事物的特点、本质和规律。举例说明是通过个别认识一般，通过具体事例认识抽象的道理，它能把比较抽象、复杂、深奥的事物或事理说得具体、明晰和浅显，使人容易理解，并运用这种方法抓住所举事例与被说明对象的相似点。例如，有些例行公文往往要求填报多种统计报表，为使报表填写得准确、规范，常在填表说明中举例解说，以指导填表者正确无误地填写。采用举例说明方法，所举的实例要有代表性、典型性，同时又是人们熟悉的事物或事理，这样才能给人以启发，收到举一反三的效果。

（4）作比较。

作比较是把两种或多种事物进行比较、对比，以显示被说明对象的本质、特点的方法。比较说明有横比和纵比两种。横比说明是将两种或多种有某种联系的同类或不同类的事物进行对比、比较，以说明被说明对象性质和特点等。例如，把上海、北京和重庆三市的城镇居民2005年度可支配收入进行比较，可看出三城市居民收入的高低，就是横比说明。纵比说明是将同一事物的不同发展阶段的情况进行比较、对比，以说明其变化状况。例如，把上海市城镇居民2005年度、2000年度、1978年度的可支配收入进行比较，可以看出上海市城镇居民可支配收入增长的状况。在进行比较说明时，必须在可比事物之间进行比较，而且要兼顾事物之间的相同点和相异点，以达到使读者在比较中更鲜明、更清晰地认识事物的目的。在应用文中，简报、总结、经济活动分析报告等，经常利用多种现象或数据进行纵横比较。

（5）列数字。

列数字是用具体、精确的数字来说明事物的性质、特点等。例如，2006年7月27日《法制日报》蒋安杰的文章《袭警，法律该如何面对》中说："据统计，2001年，全国有68名民警在执法活动中遭受暴力袭击牺牲，3429人受伤；2002年，全国有75名民警在执法活动中遭受暴力袭击牺牲，3663人受伤；2003年，全国有84名民警在执法活动中遭受暴力袭击牺牲，4000人受伤；2004年，全国有48名民警在执法活动中遭受暴力袭击牺牲，3786人受伤；2005年，全国有27名民警遭受暴力袭击牺牲，1932人受伤；2006年1月至3月，全国有7名民警遭受暴力袭击牺牲，106人受伤。"这些数字充分说明了暴力袭警事件的频发性和严重性，同时也反映了暴力袭警事件的变化状况。在运用数字说明时，必须做到准确无误，每个数据都要有可靠的来源，要仔细核对。

（6）作图表。

作图表就是用图或表来说明事物的特征和本质。图表具有直观性和形象性，易于把复杂的事物、事理说清楚，能起到一目了然的效果。图表包括图和表。图，即图片、照片、示意图等；表，即表格，如统计表、历史年表等。图片常配有简明扼要的说明文字，表格常和精确的数据结合使用。图表说明在应用文中，尤其在财经应用文中常被使用。

以上介绍了在应用文中常用的说明方法。此外还有引用说明、程序说明、比喻说明、诠释说明等方法，有时在应用文中也要用到。

3. 说明的要求

说明在应用文写作中使用广泛，凡反映问题、陈述事项、介绍产品、总结经验、提出建议等，都可能需要使用说明的表达方式。为了正确有效地使用各种说明的方法，我们应该注意以下几点。

（1）知识要有科学性。这是说明的第一位要求。说明是在向读者介绍事物、阐释事项，实际上是在传播知识，即教人以知。因此，必须以科学的态度，客观地解说事物或事项，要把那些已经科学实验或社会实践证明了的事物的基本属性和基本规律介绍给读者，绝不能以主观的兴趣爱好或感情上的喜恶作为评价、解说事物的标准。

（2）内容要有实用性。应用文大多直接用于生产、工作、学习和生活的各个环节，而说明又是介绍有关知识和情况的，它比其他几种表达方式具有更加直接的实用性能。例如，人们总是按照说明书上的要求使用或操作各种机械、仪表或家用电器，因此，产品说明书的内容要把正确使用或操作方法解说得详细、明了，把不正确使用或操作带来的后果解说得具体、细致。再如，事故调查报告中，事故勘查说明的内容必须能成为查明事故的原因、性质的直接有力的证据，否则该事故调查报告就失去了应有的价值和作用。

（3）解说要清晰准确。这不仅是解说的语言通俗易懂，而且要求作者对说明对象有深刻的认识和理解。只有对被说明的事物或事理有深入的了解、深刻的认识，才能有清晰、准确的说明。那种一知半解、道听途说的说明，无益于实际问题的解决。

（三）议论

1. 议论的概念和作用

议论是通过事实材料和逻辑推理对某一客观事物或问题进行分析、评论，从而明辨是非，阐发道理，是表明见解和主张的一种表达方式。

一段完整的议论，由论点、论据和论证三要素组成。论点是作者对所论问题的看法与主张，是提出来准备让读者接受的道理或观点，它要解决的是证明什么的问题。论据是用来证明自身论点的正确或反面论点的错误而选择的事实或理论根据，它要解决的是用什么来证明的问题。论证是用论据来证明论点的过程和方法，揭示论点和论据之间的逻辑关系，它要解决的是怎样来证明论点的问题。

议论的作用是对客观事物或问题进行分析、评判，表明作者的观点、立场、主张和态度。在应用文的写作中，议论的运用相当普遍。调查报告、简报、通报、总结、经济活动分析报告、可行性研究报告等，在叙述和说明的时候，往往用议论来表明对人物、事物的认识和评价，以便更鲜明、更正确地表达观点，揭示文章的意义和主旨。指示、决议、会议纪要、各种法律文书等，也经常要用到议论来分析原因，判断是非，表明立场和意图，以求得问题的解决。

但是，应用文中的议论，同一般议论文中的议论有着明显的区别。这主要表现在以下几个方面。其一，一般议论文中，议论是最主要的表达方式，是贯穿全文始终的，叙述和说明是为议论服务的。在应用文中，最主要的表达方式是叙述和说明，议论是为叙述和说明服务的，一般是在叙述和说明的基础上进行议论。其二，一般议论文要求论点鲜明、论据充分、论证有力，三者俱备，按照提出问题、分析问题、解决问题的完整过程来写。在应用文中，一般不做长篇大论，不做复杂的多层次的逻辑推理，不要求具备论点、论据和论证这三个要素，也不要求有完整的议论过程，而是在需要分析、论证的地方，采取夹叙夹议、边解说边议论的方法，或三言两语，或点到为止，不做全面深入的论证。其三，一般议论文在论证自己的观点或驳斥他人观点时，可以有自己的个人观点，可以有"一家之言"，只要言之有据，能自圆其说即可。应用文，尤其是行政公文和法律应用文，必须以事实为根据、以法规为根据，不允许发出一些纯学术意义上的议论。

2．议论方法

议论方法也叫论证方法。无论是立论还是驳论，都要运用一定的议论方法，才能做到论证周到严密、令人信服。议论方法很多，应用文中常用的议论方法主要有以下几种。

（1）例证法。

例证法是用真实典型的事例作为论据来证明论点的方法。这里所说的事例可以是具体的事实，也可以是准确的数据。事实和数据是最有说服力的论据。运用例证法要注意两点：一是事实和数据具有真实性和典型性；二是在叙述数据或事实材料时尽量具有概括性。

（2）引证法。

引证法是引用经典或名人著作中的言论、科学上的定理或公理、格言和谚语等作为论据来证明论点的方法。由于这类引文已经过长期的实践检验，是被公认的，它本身的正确性已无须再证明了，所以具有说服力。在应用文中，还经常引用党和国家的方针、政策以及法律条文来证明论点。例如，在民事诉状或刑事诉状中，除运用事实外，还要引用民法或刑法的条文来证明诉讼请求的合法性。

（3）对比法。

对比法是把不同事物或情况提出来进行比较，找出相互之间的差异，在比较中明辨是非优劣、真理与谬误的方法。对比有纵向对比和横向对比两种：纵向对比是用历史事实与当前情况做比较；横向对比是用两种对立的事物或若干有差异的事物进行比较。也可将以上两种方法结合使用，进行纵、横对比。对比法有较强的说服力，在运用时要注意，一定要选择有可比性、典型性的正反事例或可供比较选择的几种方案。

（4）归纳法。

归纳法是从许多个别事例中归纳出一般性结论的论证方法，即先分析后综合。例如，国家在多年前就三令五申要求关闭违法采煤的小煤矿，但效果总是不十分明显。后经调查发现，大多数违法小煤矿同地方各级政府及其官员有着千丝万缕的利益关系。于是就可以得出一个结论：违法小煤矿难以关闭，可能是由于地方政府或其官员在暗中保护。

(5) 反证法。

反证法是先假设一个与自己的论点相排斥的观点（反面论点），并证明这个论点是虚假的、错误的，从而证明自己的论点是真实的、正确的。例如，我们可以进行这样的论证："我们必须刻苦学习现代科学知识。这是因为：如果不刻苦学习现代科学知识，我们就不能适应现代化生产发展的需要，也就不能在现代化建设中发挥更大的作用，而我们大家都希望在现代化建设中发挥更大的作用。所以，我们不能不刻苦学习现代科学知识。"这个论证所用的方法就是反证法。为了证明"我们必须刻苦学习现代科学知识"这个论点的正确性，先假设了一个反面论点"我们不刻苦学习现代科学知识"，并证明它是错误的，从而证明"我们必须刻苦学习现代科学知识"这个论点是正确的。

(6) 类比法。

类比法是用同类事物做比照、比较，进而论证论点正确性的方法。例如，有这样一段论证："富民丝织厂经过改革能对国家作出重要贡献。因为富强丝织厂是老厂，技术力量雄厚，设备齐全，经过改革对国家作出了重要贡献；而富民丝织厂也是一个老厂，技术力量也雄厚，设备也齐全，两家厂的情况基本相同。"这是一个类比论证。为了确定"富民丝织厂经过改革能对国家作出重要贡献"这个论点的真实性，把两家厂的基本情况（老厂、技术力量雄厚、设备齐全等）进行类比，并作为证明论点的论据。

以上我们介绍了应用文写作中常用的议论方法，此外还有喻证法、因果法、归谬法等方法，在应用文的写作中有时也会用到。

3. 议论的要求

在应用文的写作中，议论是一种常用的表达方式，在分析情况、讲明道理、阐述观点、得出结论时往往要用议论。在应用文中运用议论这一表达方式，需要注意以下两点。

一是要抓住关键。要针对具体问题，有的放矢地进行说理；要做到具体问题具体分析，能揭示出问题、事物或事件本质、要害或规律，不能像一般议论文那样雄辩滔滔，更不能泛泛而谈，隔靴搔痒，无助于问题的解决或事件的处理。

二是要以理服人。要做到论点鲜明正确，论据典型准确，论证合乎逻辑、合乎情理。这就要求对所议论的问题有深入的调查研究，有正确透彻的理解，并选用恰当的议论方法把道理讲清楚。应用文中的议论要做到合情、合理、合法，要使人口服心服，切忌强词夺理，片面立论。

二、应用文的语言要求

语言是人类特有的、最重要的交际工具。应用文是为了解决实际问题，处理实际事务的，必须运用语言这个工具，把面对的问题和事务等认识透彻，抓住本质和关键，进而提出解决和处理的见解、主张和办法，以便有关部门和人员根据它去办理。如果没有语言这个工具，尽管有好的见解、主张和办法，也无法表达出来，他人也无法了解，那么问题就无法解决。即使有了语言这个工具，如果运用得不好，不能把解决问题、处理事务的见解、主张和办法等正确而明白地表达出来，问题依然不能有效地解决甚至不能解决，事务依然不能有效地处理甚至不能处理。可以说，应用文质量的高低，在一定程度上就要看作者能否很好地运用语言这个工具。

应用文在语言运用上的要求主要是严谨庄重、准确恰当、平实得体、简洁明快。

（一）严谨庄重

写作应用文是为了做好实际工作，而做好实际工作必须有严肃认真的态度，这就决定了应用文的语言必须严谨庄重。严谨就是要选用含义明确而有限定的词语，这样才不至于造成歧义和误解。庄重就是要使用典雅规范的书面语言，不用口语和方言，这样才显得郑重。

（二）准确恰当

准确，是指应用文中的语言能明确无误地表达确定的含义，对客观事物的反映和评价恰如其分，不走样，严密到位；对解决问题的见解、主张和办法的说明不含糊，无歧义。要做到准确恰当，就要正确辨析和使用近义词，要对词语（概念）进行确切的限制，有时还要使用必要的模糊词语。因为在现实社会中存在着许多界限模糊、不易界定的事物。使用必要的模糊词语，正是对客观事物另一种形式的真实反映，而且使表达留有余地，更具灵活性。例如，"有关单位""适当的生活""逐步解决""某些地区""按有关规定""不断进行"等都是模糊词语。这种模糊性是与准确、具体相对而言的。实际上有些情况是不可能说得十分具体的，一具体反而不准确了。例如，"进一步加快现代化建设的步伐"，"进一步"究竟是多大的程度，这是模糊的，但它表达的意思都是清楚明白的。要注意的是，这里所说的模糊性词语和语义含混不清、产生歧义的现象是有本质区别的。此外，正确使用标点符号，正确使用数词，不写错别字，不生造词语等，都有益于语言的准确表达。

（三）平实得体

所谓"平实"，就是平直朴实。平直就是直陈其事，不拐弯抹角；朴实就是朴素纯正，实实在在，不用华丽的辞藻。

所谓"得体"，就是用语得当，恰如其分。这就要根据行文对象和写作目的，选择恰当的词语。

（四）简洁明快

简洁明快就是用最简短的话把要表达的意思清楚明白地表达出来。简洁可以加快阅文办事的节奏，提高办事效率；明快可以让读者迅速领会意思。

第四节
学习写作应用文的基本要求

应用文的写作在我国源远流长，自先秦至今，许多杰出不朽的名篇佳作或警句格言，不仅影响了当时的社会现实，甚至改变了历史进程，而且有的还塑造了我们民族的性格，铭刻在民族的记忆中，至今仍然广泛而深刻地影响着人们的思想观念和生活态度。但是，应用文写作作为一门学科得到较为深入的研究，在中国还是现代才有的事。随着社会的开放、经济的发展、人们文化知识水平的提高，各种交往日益增多，应用文作用于我们现实生活之深、之广，远远超过了以往任何时候。学习应用文写作，提高应用文写作的能力和水平，已成为时代的迫切要求。

应用文写作是一门集综合性与实用性于一体的应用课程。每一篇应用文，哪怕是一则广告、一封家信，都是作者的思想情趣、生活教育、文化素养、语言技巧、专业知识、人生智慧等各方面水平的综合反映，都会产生这样那样、或大或小的社会影响，更不用说行政公文，尤其是级别较高的行政机关制发的公文了。因此，我们要认真学习应用文写作这门课程，努力提高写作应用文的能力和水平。要学好应用文写作这门课程，写好应用文，我们必须做到以下几点。

一、正确认识，端正学习态度

要学好应用文写作这门课程，必须对它有正确的认识。首先，要认识和理解应用文写作的重要性。人们在现实社会里，无论学何种专业，从事何种工作，都要写计划、总结、调查报告等，例如：搞行政工作的人，要会写决定、决议、通知、请示、报告等应用文；做经济工作的人，要能写经济活动分析报告、市场调查报告、经济合同等应用文；在司法机关工作的人，要会写各种法律应用文。在日常生活中，人们离不开书信、启事、请柬和申请书等的写作。总之，应用文在人们的工作、学习和生活中是不可缺少的重要工具。著名教育家叶圣陶先生曾说："大学毕业生不一定能写小说诗歌，但是一定要能写工作和学习中实用的文章，而且非写得既通顺又扎实不可。"叶先生说的"实用的文章"就是指应用文。其次，要纠正两种错误看法：一种认为应用文非常简单，没有什么可学的，不学也能应付，因而看不起应用文；另一种认为应用文格式多样，文种繁杂，非常难学。这两种看法都是片面的，前者忽视了应用文的特点和写作要求，把应用文看得过于简单；后者只看到了应用文的外在形式而没有理解其内在规律，对应用文产生了畏惧的心理。我们应克服这两种片面看法，端正对应用文的学习态度，培养学习兴趣，激发学习热情。应用文在长期的使用过程中，已形成了独自的特点、惯用的格式和撰写的规律，要真正掌握这些，确实非下一番功夫不可。但是，我们不能把应用文的写作神秘化，看成是高不可攀的事。它虽然有多种格式、多样文种，而且还根据行文对象的不同选用不同的语言和语气,但只要明确行文目的、格式要求(其实许多文种的格式大同小异),又有一定的写作水平,就可以掌握不同文种的特点和写法,就能写好应用文。

二、关心政治,提高思想水平

应用文是为现实生活和各项工作服务的,是要解决生活、工作中的实际问题的,这都与宣传贯彻党和国家的路线、方针、政策和法律法规分不开。这就要求我们必须掌握党和国家的方针政策和法律法规,具备较高的思想水平、政治水平和较强的法律观念,才能正确地认识、分析客观问题和事物,才能提出处理实际问题的正确见解、主张和办法。没有正确的立场、观点和方法,就根本不可能对问题、事物作出正确的分析,获得正确的认识和见解,妥善处理实际问题,写出质量较高的应用文。因此,我们必须努力学习和领会党和国家的路线、方针和政策的精神,领会上级指示的实质,学习和理解相关的法律、法规,时刻关注国内外形势的变化,逐步提高政治思想水平。具有比较敏锐的政治眼光和法制观念,视野就会比较开阔,看问题也就比较深刻,能够从错综复杂的现象中,抓住事物的本质,鉴别是非曲直,避免在文稿中出现政策性、法律性错误,为写出高质量的应用文提供必要的思想政治保证和法律保证。

三、深入实际,做好调查研究

提高政治思想水平是一个理论问题。理论必须和实际相结合,才能解决实践中遇到的各种问题。调查研究是写好应用文的另一个基本要求。调查研究就是深入实际,对客观事物和我们工作情况进行深入细致的观察了解,详细地收集真实、准确的第一手材料,然后运用逻辑思维特别是辩证思维,"去粗取精,去伪存真,由此及彼,由表及里"地分析研究,找出事物的本质和规律,最后确定解决和处理问题的办法和措施。应用文是要解决各种实际问题的。问题解决得好坏,取决于对实际情况掌握得是否全面、准确,取决于对这些情况的认识、研究是否深刻、透彻,取决于采取的办法、措施是否正确、得当,因此,必须进行深入细致的调查研究。几乎每一种应用文,如总结、计划、通报、指示、经济预测报告、可行性研究报告、商业广告、经济合同等,在写作前不进行调查研究就根本写不好,甚至根本写不出来,即使勉强写出来了,也是无的放矢,不能发挥其应有的作用,甚至可能带来危害,这是问题的一个方面;另一方面,应用文中提出的解决和处理问题、事务的办法、措施是否正确有效,也只有通过调查研究才能具体了解。同时,旧的问题解决了,新的问题又会不断地产生,因为社会是发展变化的。有些问题必须尽早发现,尽快采取有效对策,否则将造成危害、带来损失,或失去机遇,这也要求我们必须重视和做好调查研究的工作。

四、博览群书，熟悉相关业务

应用文写作是一门综合性学科，写好应用文需要具备综合性的理论、知识和能力。每一种应用文都涉及某一领域的理论、知识和能力。例如，行政公文离不开马克思主义基本理论的指导，离不开党和国家的路线、方针和政策以及法律法规的制约，离不开人文科学和社会科学的丰富知识，还需要有认识和处理问题的能力。财经应用文需要经济理论的指导，需要掌握财政、金融、市场等方面的知识，需要具备运用经济理论和知识分析和解决各种经济问题的能力；法律应用文须懂得一定的法理，掌握和精确理解具体的法律条文，具备根据法理、法律准确判定罪与非罪、合法与非法的界限的能力。另外，应用文的写作和其他文章的写作一样，必须具备一定的语言基础和写作水平，必须能够综合运用语文知识中的语法、逻辑、修辞知识和写作知识，根据实际需要，确立正确、鲜明的主题，选用切题、典型的材料，安排合理、分明的结构，运用恰当的表达方式和准确、简明、得体的语言。这就需要我们多读书、做到博览群书，除学习政治理论和专业知识外，还要尽可能地多学一些法律、哲学、文学、历史、经济、自然科学等学科的知识。叶圣陶先生说过："阅读是写作的基础。"作者通过阅读，不仅可以获得广泛、丰富的知识，而且可以揣摩、借鉴写作经验。在阅读过程中，还要精心阅读古今中外流传长远的典范性应用文，尽量多读党中央、国务院以及省、市级党政机关发布的各种合乎规范的公文，了解它们在思想内容、表达方式、写作方法、语言应用以及版面设计等方面的具体做法，以加深对应用文的性质、特点、作用和写法等方面的理解。即使是接触到不规范的文书，也要阅读，并进行思考和分析，从中吸取教训。

五、掌握特点，多练习多修改

这里的"特点"是指应用文的特点。无论是内容、形式还是社会作用，应用文都有自身的特点，也就有了特殊的写作方法和写作规律。初学应用文写作的人，往往感到应用文文种繁多，格式多样复杂，难以掌握。其实，应用文在格式和写法上是有规律可循的。例如，行政公文的格式，除文头和版记两部分外（这两部分易学易记），主体部分一般都由标题、主送机关、正文、制发结构和成文日期四个部分组成，其中，正文是最主要的部分，大都包括缘由、事项和要求（或结语）三方面内容。再如，法律应用文的格式上都有首部（包括标题、当事人基本情况）、请求事项、事实和理由、尾部（包括致送机关、附件、署名和日期），其中请求事项、事实和理由又称主体部分，是关键性内容。其他各类应用文在格式和写法上都有相似、相通之处。只要我们理解并掌握了这相似、相通之处，学起来就轻松得多。当然，它们又有相异、不同之处。只有既掌握了相通之处，又掌握了相异之处，我们才能真正掌握每一个文种的格式和写法。

写作是一种技能，技能是要经过反复实践才能获得的。学习应用文的写作理论、基础知识和各类文种的写作格式是完全有必要的，可以帮助我们少走弯路、减少盲目性、增强自觉性。但是，我们学习应用文写作的目的是能写出应用性的文章来，还得把理论知识转化为写作能力，这只有通过刻苦练习，反复实践，才能逐步领会和掌握写作方法，形成熟练的技巧。写作练习，不仅要"写"文，而且要"改"文。修改文章的练习是提高写作能力的重要组成部分。多练习、多修改、精益求精，才能熟能生巧，写出各种符合要求的应用文来。

训练设计

一、知识训练

（一）填空题

1. 应用文是党政机关、_____、企事业单位和_____在处理各类公私事务中经常运用并具有规范格式的一类文体的总称。

2. 应用文的作用主要有领导和管理作用、_____、宣传和教育作用、_____、锻炼和展示作用。

3. 应用文的特点是广泛的_____性、规范的程式性、客观的真实性、严格的_____性、鲜明的_____性。

4. 应用文常用的表达方式是_____、议论和_____，一般不用描写和_____。

5. 如果说主题是文章的灵魂、材料是文章的血肉，那么结构和语言就是文章的_____和皮肤了。

6. 应用文在语言运用上的要求主要是：严谨_____、准确_____、平实_____、简洁_____。

（二）判断题

1. 应用文的使用非常广泛，我们每个人都离不开它。（ ）
2. 应用文有惯用的格式，所以写作应用文只要按照格式套用就可以了。（ ）
3. 一切文章都是实用的，应用文的实用性更是直接的。（ ）
4. 文章都是有感而发的，应用文也不例外。（ ）
5. 应用文的语言要求准确恰当，所以不可以使用模糊语言。（ ）
6. 为了使应用文的语言严谨庄重，必须尽可能地使用复杂的长句。（ ）
7. 为了使应用文的语言简洁明快，可以使用一些专用词语与固定的习惯用语。（ ）

二、能力训练

假设你父亲今天早晨打电话给你，说祖母病重，要你回家看望，三天后返校。请你以此为事由，给班主任王老师写一个请假条。

第二章 公务文书

章节说明

本章的学习目的是了解公务文书的概念和特点,掌握通知、通报、报告、请示、批复等常见公务文书的写法。同时了解现实社会的组织架构,理解各种社会关系。

教学建议

建议教学时安排十课时,每节两课时。

第一节
公务文书概述

一、公务文书的概念和种类

公务文书有广义和狭义之分。狭义的公务文书是国家机关行政公文的简称。所谓国家行政机关,即各级人民政府及其部门。现在我国的政府分为五级,最高国家行政机关是国务院,下一级是各省级人民政府,再下一级是各市级人民政府,更下一级是各县(区)级人民政府,最基层是各乡(镇)人民政府。各级政府内部又有许多部门,它们都行使着管理国家公共事务的职能。广义的公务文书除了国家行政机关外,还包括需要进行"行政管理"的党政机关、企事业单位、社会团体和群众组织因进行行政管理所使用的公务文书。如中国共产党和各民主党派的各级机关、各级人民代表大会、各级人民政治协商会议,各类公司、医院和学校,各级共青团机关、妇女联合会,各种研究会、联谊会等民间团体，它们在进行内部管理和对外沟通交流时都需要使用公务文书，这些公务文书简称为"文件"或者"公文"。本书所讲的主要是狭义的公务文书。

2012年4月16日，中共中央办公厅、国务院办公厅联合发布了《党政机关公文处理工作条例》，规定现行公务文书共有以下15种。

1. 决议

适用于会议讨论通过的重大决策事项。

2. 决定

适用于对重要事项作出决策和部署、奖惩有关单位和人员、变更或者撤销下级机关不适当的决定事项。

3. 命令（令）

适用于公布行政法规和规章、宣布施行重大强制性措施、批准授予和晋升衔级、嘉奖有关单位和人员。

4. 公报

适用于公布重要决定或者重大事项。

5. 公告

适用于向国内外宣布重要事项或者法定事项。

6. 通告

适用于在一定范围内公布应当遵守或者周知的事项。

7. 意见

适用于对重要问题提出见解和处理办法。

8. 通知

适用于发布、传达要求下级机关执行和有关单位周知或者执行的事项，批转、转发公文。

9. 通报

适用于表彰先进、批评错误、传达重要精神和告知重要情况。

10. 报告

适用于向上级机关汇报工作、反映情况，回复上级机关的询问。

11. 请示

适用于向上级机关请求指示、批准。

12. 批复

适用于答复下级机关请示事项。

13. 议案

适用于各级人民政府按照法律程序向同级人民代表大会或者人民代表大会常务委员会提请审议事项。

14. 函

适用于不相隶属机关之间商洽工作、询问和答复问题、请求批准和答复审批事项。

15. 纪要

适用于记载会议主要情况和议定事项。

根据公文的行文方向，可以分为上行文、平行文和下行文。上行文是下级机关向上级机关发送的公文，如"报告""请示"等；平行文是平级机关单位或不相隶属的机关单位之间往来的公文，如"函""议案"等；下行文是上级机关向下级机关发送的公文，如"批复""通报"等。

二、公务文书的基本特征

1. 法定的权威性

公务文书是国家行政机关根据法定的职权范围而制发的，它的内容既是国家路线、方针、政策的体现，又是国家和人民群众利益的体现。公务文书就是为贯彻这些方针政策而制发的，它是各级行政机关管理意图的体现，具有较强的约束力，是下级行政机关有效施政的依据。有相当一部分公务文书本身就是国家或地方的行政法规，受文机关或有关人员必须坚决执行。

2. 鲜明的工具性

公务文书是国家机关实行管理、发挥职能的重要工具和有效手段，用于了解本系统各项工作情况、解决工作中的各种问题，指导和促进工作顺利开展。公务文书直接服务和适用于制文机关。

3. 规范的程式性

所谓程式，就是在公文的写作、使用、处理上应遵循的方法、程序或规则。公务文书是在长期的使用过程中、约定俗成的基础上，由国务院以法规的形式规定了形式上的规范体式。

4. 较强的时效性

公务文书是针对某项工作中的实际问题而写作的，这就决定了公文要快写快发，而且要迅速产生效果。受文机关必须在合理的时间内完成发文机关布置的工作任务或回复请求的事项。

5. 语体的事务性

写作公务文书的目的就是解决当前工作中出现的问题，它体现的是行政机关解决问题、处理事务的思想、目的、方法、措施。因此，它必须使用事务性语体，主旨的表述要开门见山，语言的使用要准确、简明。准确就是没有歧义，例如，"遵照"和"参照"的区别、"可以"和"应该"的区别等；简明就是简洁明了，把语意表达清楚就行了，不能追求生动形象。为体现语言简洁的特点，行政公文常常使用一些文言词语。

三、公务文书格式及其在文面上的位置

公务文书格式是指公文的规格式样，是公文的外观形式。行政公文格式包括书面格式和纸张、印刷要求等。书面格式与公文写作和处理的关系最直接、最密切。

（一）书面格式

公务文书的书面格式可分为文头、主体和版记三部分。

1. 文头

文头也称文件头，位于公文首页的上端，以隔离线为界，占纸张的三分之一。其主要内容包括以下六个部分。

（1）发文机关标识。相隶属机关之间使用的正式文件，发文机关名称要写全称，不能省略。如"××省政府文件"，就缺少了"人民"两字，是不规范的。不相隶属机关之间使用的函件，发文机关名称后没有"文件"字样。不管是文件还是函件的文头，都不能在其后出现文种字样，如"××省××厅办公室（通知）"，这是不规范的。发文机关标识用大号宋体字，并使用红色印刷。

（2）发文字号。也称发文号，是对外发文的登记编号，目的是便于掌握发文情况、查询、引用和保管，是行政公文格式不可缺少的一个组成部分。发文字号由机关代字、年份、序号三个元素组成，必须按先写机关代字后写年份再写序号的顺序编排。如"皖府〔2022〕8号"，"皖府"是安徽省人民政府的代号；〔2022〕是年份，年份纪年要全写，并用六角括号括起；"8"是序号，序号只写顺序数字，不用"第"字。文件的发文字号位于文头发文机关名称与隔离线之间，贴近隔离线居中。函件发文字号（也叫函号）位于隔离线右下方。

（3）签发人。用于上报的公文，如请示、报告等，应标识签发人的姓名。签发人平行排列于发文字号的右侧（有签发人的文件的发文字号就不能居中）。在上报的公文中注明签发人，是为了督促各级机关负责人认真履行职责，对行文负全责，有利于提高公文质量。

（4）份数序号。在文头左上角标明，一般是以6位阿拉伯数字排列，主要在"绝密""机密"级公文中使用。

（5）密级和保密期限。涉及国家秘密的公文应当标明密级和保密期限。密级有秘密、机密、绝密三个等级。在文件头右上角标明密级和保密期限，中间用红五星隔开。

（6）缓急程度。缓急程度是公文传达和办理的时间限度。紧急公文应当根据紧急程度分别标明"特级""急件"。其中电报应当分别标明"特级""加急""平急"。缓急程度在文件头右上方密级之下标明。

以上六个部分中，发文机关标识和发文字号是所有公文必备的，签发人等部分根据需要而定，不是所有的公文都必须有的。

2. 主体

主体是文件的主要内容，它包括以下七个部分。

（1）标题。位于隔离线之下、正文之上，居中。长标题可以多行出现，通常以上短中长下短的形式排列。公文标题应当准确简要地概括公文的主要内容，一般应当标明发文机关和公文种类。标题中除法规、规章名称加书名号外，一般不用标点符号。

（2）主送机关。即文件需送达的机关名称。位于标题之下、正文之上，顶格写，后用冒号。主送机关应写全称或规范化简称或同类机关统称。有些公文如公告、通告、会议纪要等，不写主送机关。

（3）正文。是公文的核心部分，包括开头、主体和结尾。行距和间距一般规定为19行×25字。开头要简明扼要地说明制文的根据、目的、原因或重要性。主体是内容事项，要求具体明确，层次分明。结尾主要表述发文机关对公文办理的要求。

（4）附件。不是每个公文都有的。附件是用于佐证主旨而又不便在正文中出现的材料，位于正文之后，另起一行标注附件的名称。

（5）制发机关、成文日期，通常合称落款。位于附件名称之后，一般空两行靠右书写。制发机关名称如标题中已有，落款可以省去，以印代名。成文日期，以机关领导人签发的日期为准，在制文机关之下标写，成文日期包括年、月、日，用汉字标全。

（6）用印和签署。也可以看成落款的组成部分，所用印章名称须与制文机关名称一致。用印的要求是骑年跨月，主要是为了防止涂改日期。签署多用于命令和议案两个文种，由发文机关的主要负责人署名或签章，包括领导人职务和名字，位于正文右下方。有了签署一般不需要再加盖机关印章。

（7）抄送机关。有些行政公文除须主送机关知道外，一些相关部门也需要了解，便于协调，但公文不能多头主送，这时就可以以抄送形式送达。抄送机关在主题词和版记之间排列。

3. 版记

版记包括公文具体的办理机关名称、印发日期，以及所印份数。

（二）纸张、印刷等有关要求

《党政机关公文处理工作条例》规定：公文用纸一般采用国际标准 A4 型（长 210mm×297mm），左侧装订，用于张贴的公文用纸的大小，根据实际需要确定。公文的纸张不能过薄或过厚，一般以 80 克为宜。公文文稿要双面印刷。文字符号一律从左至右横写、横排。在少数民族自治地方，公文可以并用汉字和通用的少数民族文字。

随着科技的发展，电子政务已经广泛普及，绝大多数文件都已用电子档的形式发布，主要内容就是主体部分，文头和版记都改变了。我们在今后做练习时也不需要写文头和版记，只要写主体部分就行了。

四、公务文书的作用及其写作意义

（一）公务文书的作用

1. 发布知晓作用

公务文书中的命令、通知、公告、通报等文种大都用于发布国家法律、行政法规，和宣布重大事项或活动，目的是让各级机关或广大人民群众知晓并共同遵守。

2. 指挥管理作用

公务文书是国家机关行使自身职能、对社会实行有效管理的重要工具，它体现着发文机关的领导管理意图，通过公文的传阅，下级机关可及时了解当前需要做的工作，或找到解决问题的措施，从而推动工作有序开展。如命令、决定、通知等就是开展某方面工作常用的指挥管理性公文。

3. 沟通协调作用

各级政府机关、不相隶属机关之间，企事业单位之间，主要通过公务文书往来交流信息、沟通情况、协调彼此间的工作关系，共同做好某项工作。如函、请示、报告、批复等集中体现了公务文书的这一作用。

4. 宣传教育作用

许多公务文书都有统一思想、提高认识、推动工作的作用，嘉奖令、表扬性或批评性通报最能体现公务文书的这一作用。

5. 记载凭证作用

某些以法定机关名义发出的公务文书，是下级机关开展某项工作的依据，是处理某一问题的凭证，如会议纪要等。

（二）公务文书的写作意义

公务文书的写作意义表现在两个方面：一方面，对公文本身而言，它是政府行使职能的工具和手段，维系着政府整个体系的运转，学习、掌握公务文书的写作，对贯彻国家的方针、政策，提高办事效率，促进社会与经济的发展具有十分重要的意义；另一方面，对于写作人员本身来说，学习和掌握公务文书的基本知识和写作方法，不仅能知晓政府机关的行政过程，而且还能了解国家各方面的方针、政策，提高自己的政策理论水平，增强个人的社会适应能力和综合素质。

五、公务文书的办理程序

公务文书的办理程序分为收文和发文两种情况。

（一）收文

收文指接受外单位送来的文件材料。收文的办理程序分为以下七个部分。

1. 签收

收件人在对方的传递单或送交簿上签字，表示文件已收到并明确责任。

2. 登记

来文由文秘（或专人）按一定标准统一编号，登记在册，便于查找。

3. 分发

分发指文件登记分类后，分别按分工转给有关办文人员办理。

4. 拟办

拟办指办文人员对来文应由哪位领导审批、哪一部门承办，以及承办过程中可能出现的问题提出初步处理意见，供领导人批办时参考。

5. 批办

批办指机关领导人签批具体承办意见，包括指定谁（部门或人）负责办理、如何办理、办理到什么程度以及时限等。

6. 承办

承办指具体的承办人或部门及时办理领导批办的公文。对不属于本单位职权范围或不适宜由本单位办理的，应迅速退回交办的文秘部门并说明理由。

7. 催办

凡送交有关部门或人员办理的公文，文秘部门要负责催办，目的是防止漏办、积压或延误。

（二）发文

发文指以本机关名义制发公文的过程。发文的办理程序分为以下八个部分。

1. 草拟

草拟就是起草公文，一般是谁主管的事情谁拟稿，重要公文由领导人亲自拟稿。草拟后在"发文稿纸"有关栏目内填写清楚拟稿单位、拟稿人等相关信息。

2. 审核

公文送负责人签发前，应当由办公厅（室）进行审核。审核的重点：是否确需行文、行文方式是否妥当、是否符合行文规则和拟制公文的有关要求、公文的格式是否符合《党政机关公文处理工作条例》的要求。

3. 签发

签发是公文形成的最后一关。内容简单的公文，领导人一般不再审核文稿而直接签发。如果是领导交拟的，还要让其审核是否需要修改，然后再签发。公文一经领导签发，一般不再更改。上行文由主要负责人或者主持工作的负责人签发；下行文或平行文由主要负责人或其授权的其他负责人签发。签发人要签署姓名和时间。

4. 复核

公文正式印制前，文秘部门应当进行复核。复核的重点是审批、签发的手续是否完备，附件材料是否齐全，格式是否统一、规范等。

5. 缮印

签发的公文，要按规定的公文格式打印。打印后要认真进行校对，主要是检验是否有错别字、漏字、多字，句子是否顺畅等。

6. 用印

打印好了的公文要加盖机关公章。如是下级机关翻印的公文可以不用印。

7. 分流

分流是指公文的分发，要确定主送机关，确定发文范围。

8. 存底

存底是公文办理的最后环节。文秘人员每次办完发文之后要将一至两份留存起来，归档以备查询。

以上是公务文书的办理程序。在办理公文过程中要注意几个问题。一是要及时办理，不能积压。二是要准确，无差错。不能只顾内容却疏忽了格式，甚至错发或漏发主送机关。三是要统一，不失标准。一些部门较多、公文写作量较大的机关，在公文办理过程中如果不对部门代拟稿进行认真的审核，或不坚持规定的审核标准，会导致不同的部门有不同的公文标准。四是要保密，不外传。公务文书往往是领导机关为解决问题或作出重大决策而制发的，一些内容在没有发文之前不宜让相关人员或机关知道。因此，办理过程中不得对外透露公文内容。

六、公务文书的行文程式

公务文书的行文程式指的是公务文书在运行过程中所形成的相对固定的行文关系和行文规则。

（一）行文关系

行文关系即收、发文机关之间的关系，对公文的效能有直接的影响。行文关系理顺，就会提高公文的运作效率，有利于问题的快速解决。那么行文关系是怎样确定的呢？《党政机关公文处理工作条例》明确规定：各级行政机关的行文关系，应当根据各自的隶属关系和职权范围确定。行政机关的隶属关系有上下级关系，即领导和被领导的关系，还有同级机关的不同部门之间的关系,即平级关系。公务文书可根据其机关的隶属关系分为上行文、下行文和平行文三种行文关系。

1. 上行文

上行文指相隶属的下级机关向其上级机关的行文。上行文有请示、报告等。

2. 下行文

下行文指上级机关向其下级机关的行文。下行文有命令(令)、指示、决定、通告、通知、批复、通报等。

3. 平行文

平行文指同级机关的不同部门或没有隶属关系的机关之间的行文。常见的平行文有函、通知等。

(二)行文规则

行文规则即国家行政机关在公文制发运作过程中形成的供彼此共同遵守的准则。《党政机关公文处理工作条例》作出以下明确规定。

(1) 政府各部门在本部门职权范围内,可以互相行文,可以向下一级政府的有关业务部门行文,也可以根据本级政府授权和职权规定,向下一级政府行文。

(2) 向下级机关的重要行文,应当同时抄送直接上级机关。

(3) 部门之间对有关问题未经协商一致,不得各自向下行文。如擅自行文,上级机关有权责令纠正或撤销。

(4) 同级政府、同级政府各部门、上级政府部门与下一级政府可以联合行文;政府及其部门与同级党委、军队机关及其部门可以联合行文;政府部门与同级人民团体如党、政、军、群联合发文,应按党、政、军、群顺序排列。行使行政职能的事业单位也可以联合行文。联合行文应当是确有必要,且单位不宜过多。

(5) 各级行政机关一般不得越级行文。特殊情况需要越级行文的,应当同时抄送被越过的机关。

(6) "请示"应当一文一事;一般只写一个主送机关,如需同时送其他机关,应当用抄送形式,但不得同时抄送下级机关。除领导直接交办的事项外,"请示"不得直接送领导个人。

(7) "报告"中不得夹带请示事项。

(8) 受双重领导的机关向上级机关请示时,应当写明主送机关和抄送机关。上级机关向受双重领导的下级机关行文,必要时应当抄送其另一上级机关。

(9) 经批准公开发布的公文,同发文机关正式印发的公文具有同等效力。

（三）行文方式

1. 逐级行文

逐级行文是指直接向自己的上级或下级发文。对上行文必须逐级，不能越级；对下逐级行文的好处是便于各下级机关结合自身的实际情况更好地贯彻执行文件精神，但它的缺点是逐级转发会拖延时间、贻误工作。

2. 多级行文

多级行文是指同时向自己的上级或下级的几级机关行文。对上行文一般不采用这种方式，对下多级行文的好处是可使下属几级机关同时了解和掌握文件内容，但它的缺点是不利于下级机关发挥自己的能动性。

3. 直达行文

直达行文是指上级机关直接把文件发到基层机关。通过报刊、电视、广播发布的文件也是直达行文。直达行文的好处是基层机关和人民群众可以及时了解文件内容，使文件迅速发挥作用。

七、公务文书管理和立卷

公务文书具有储存凭证的作用，公务文书管理和公务文书立卷对其发挥这一作用十分重要。

公务文书管理指的是文秘人员对其所制发公文的日常保管，具有政治性、机密性和辅助性，它要求文秘管理人员要有高度的政治责任感和良好的职业习惯。公文日常管理的方法是分类管理法。分类管理法有三种情况：一是以内容为标准分，即根据主题词来归类，这种情况适用于高层发文较多的机关；二是以文种为标准分，即根据不同文种分别存放，这种情况适用于基层发文较少的机关；三是根据发文字号分，即将不同发文字号的文件分成几类，这种情况适用于中层机关。现在多用电脑软件进行公务文书管理分类。

公务文书立卷指的是文秘人员将办完的具有储存凭证价值的公文按其内在联系和共同特性编组成卷，交由档案部门归档。其目的是便于管理，保持文件所体现政策的延续性和今后开发利用。立卷必须明确范围，哪些该立哪些不该立，心中要有数。一般是以本机关制发的，涉及广大群众利益的，具有长期凭证作用的法规、规章为主，同时兼顾那些具有历史意义的决定事项。

第二节 通　知

一、通知的适用范围、特征和分类

1. 通知的适用范围

通知用于批转下级机关的公文、转发上级机关和不相隶属机关的公文、发布规章、传达要求下级机关办理和有关单位需要周知或者共同执行的事项、任免和聘用干部。

通知一般是下行文，有时也可以作为平行文（主要用于向同级或不相隶属机关传达周知事项）。通知不能上行，如果需上级机关或不相隶属机关知道的须用抄送的形式。

2. 通知的特征

通知的特征是广泛性、灵活性、晓谕性。通知的发文机关可大可小，上至高层领导机关，下至基层单位，都可以使用通知。通知内容可简可繁，大至全国性的重大安排，小到一个单位内部的日常事务都可以作为通知内容。通知的表达方式多种多样，篇幅可长可短，格式也较为灵活。通知是使用频率最高、适用范围最广的一种公文，具有广泛性、灵活性、晓谕性的特征。

3. 通知的分类

通知根据性质来分类，可分为批示性通知、指示性通知、一般性通知；根据内容来分类，可分为规定性通知、任免通知、会议通知；根据其重要性来分类，可分为一般通知和重要通知；根据紧急性来分类，可分为一般通知和紧急通知。本书所指的通知主要是批示性通知、指示性通知、一般性通知、会议通知和任免通知。

二、通知的格式及写法

1. 批示性通知

这类通知主要用于印发行政管理规章（一些行政规章也可以用命令来发布）、本单位领导讲话、转发上级或不相隶属机关公文、批转下级机关公文等。如《国务院关于印发国务院向国有重点大型企业派出稽查特派员方案的通知》《国务院批转〈中华人民共和国减灾规划〉（1998—2010年）的通知》等。

批示性通知都有一段批示性语言在前,后面都带有所要印发、转发或批转的规章、方案、讲话、报告、意见等文件。

(1) 标题。一般由发文机关＋事由＋文种构成。如果是印发的,在"关于"后加"印发"字样,如果是转发或批转的,在发文机关后加"转发(批转)"两字,并保留被转发、批转文件标题。除法规、规章外,标题中被印发、转发、批转的文件不用书名号。

(2) 主送机关。由于通知大都是下行文。适应范围较广,主送机关往往是发文机关的下属多个机关,主送机关多用泛称。

(3) 正文。批示性通知的正文即是一段批语,写作比较简单。印发类通知适用本单位直接发布,重点写明所印发的文件是经什么会议在什么时候通过的。转发类通知是将上级、平行机关或不相隶属机关公文发给本机关下属部门,重点在"转"字,发文机关对所转发公文不需做任何评论,如果是办公厅(室)代表上级机关转发其他部门的公文,可以表明上级机关对转发公文的态度。批转类通知是上级机关批转下级机关公文并要求下属机关执行的,写作的重点在于"批"字,即必须对所批转的下属机关的公文作"同意"或"原则同意"的表态。转发、批转性的通知在正文里面都可结合本地区、本部门做些补充要求,一起转发或批转下去,但必须简明扼要,点到为止。值得注意的是,此类被转公文并不是附件。

批示性通知往往在后面提出执行要求,常用"请遵照执行"(严格要求)、"请依照执行"(一般要求)、"请参照执行"(灵活要求)。

2. 指示性通知

指示性通知主要用于向下级机关布置任务或作出指示。标题由发文机关＋事由＋文种组成。主送机关的格式要求与其他通知的一样。指示性通知的正文,一般由缘由和措施两个部分组成,没有附件。缘由主要写依据、目的及意义。常用"现就有关问题通知如下"或"现作如下通知"等专用语言过渡到具体的内容。

指示性通知写作时要做到:一是有所针对,即通知内容必须针对现实问题、思想问题;二是有所论述,即要讲些道理,阐明目的及意义,增强针对性,但论述要点到为止,不能过多赘述;三是有所部署,即要交代清楚任务、措施、方法、步骤等,要求下级机关去贯彻执行。

3. 一般性通知

一般性通知也叫事务性通知,主要用于通知下级机关办理或知道的一般事情。其内容多是一些行政事务,如临时机构设置、人事调整、搬迁地址等,目的是沟通上下信息,便于开展工作。写作时,主要写明发文目的和受文机关需要知道或办理的事项即可,一般不做严格要求。

4. 会议通知

会议通知从广义上讲也属于一般性通知的范畴,但它较为常用,写法上也有其特殊性,因此,可以从一般性通知中拎出,单独作为一类。

在写作会议通知时,先写明开会的目的、意图,然后接着写开什么会议、有哪些事项,会议事项包括会名、会期、开始时间、报到地点、与会人员范围等五个要素。当然,也可以补充其他要求,如司机安排、联系电话等。

5. 任免通知

任免通知的写作比较简单,正文写任免、聘用的依据,即由作出任免决定的会议、时间和任免事项(具体的姓名和职务)构成。写作时要注意任免、聘用的职务必须用全称。

例文

关于举办九三学社安徽省委参政议政骨干培训班的通知

各市委员会、省直属组织、社省委专门(工作)委员会:

  为进一步促进全省参政议政工作提质增效,社省委定于9月26—28日在合肥举办九三学社安徽省委参政议政骨干培训班。具体通知如下:

一、参加人员

1. 社省委各专门(工作)委员会2名(1名主任或副主任和1名委员)。
2. 社省委社情民意信息员(名单见附件1)。
3. 各市委员会负责参政议政工作的专职干部1名。
4. 各省直组织负责参政议政工作的同志1名。
5. 部分参政议政骨干。

二、培训时间、地点

时间:2021年9月26日(星期天)—28日(星期二)

地点:合肥丰大国际大酒店(合肥市经开区繁华大道10555号明珠广场东,电话:0551-6223××××)

请参会人员于9月26日上午12:00前至合肥丰大国际大酒店一楼大厅报到,9月28日下午返程。

三、相关要求

1. 请参加培训的参政议政骨干、社情民意信息员撰写信息稿件1篇,于9月22日前提交至社省委参政议政部邮箱。

2. 请参会人员认真思考参政议政、反映社情民意信息工作中的做法、经验和不足，以便会上交流。

3. 请各组织尽快填写回执（附件2），于9月18日前报至社省委。

4. 参会人员须完成疫苗接种并持有安康码、行程码绿码。健康申报情况有异常的，不予参加会议。拟参加会议人员会议前14天内如有新冠肺炎疑似症状、疫情中高风险地区人员接触史、疫情中高风险地区驻留史或其他任何疑似情况，不予参加会议。14天内如有出省经历，需提供48小时内核酸检测报告。

5. 本次培训统一安排食宿。

联系人：李×× 0551-6260×××× 1370551××××

邮箱：××@qq.com

附件：1. 社省委特邀信息员名单（略）
　　　2. 参会回执（略）

九三学社安徽省委办公室（公章）
2021年9月13日

简析：

这是一份会议通知。标题由事由、文种两个要素组成，主送机关用泛称，前言部分交代了开会的目的，承启语后明确告知了参会人员、时间地点及相关事项。全文思路清晰，内容完备。

第三节 通　报

一、通报的适用范围、特征和分类

1. 通报的适用范围

通报适用于表彰先进、批评错误、传达重要精神或者情况。各级人民政府及其部门、企事业单位、社会团体均可使用。

2. 通报的特征

通报属于知照性的下行文，目的在于沟通和教育，具有晓谕性和教育性特征。

3. 通报的分类

从内容上分类，通报可分为表彰性通报、批评性通报和一般情况通报。

表彰性通报，主要用于对在某项工作中涌现出的先进代表或生活中的好人好事进行评析肯定，并将情况通报所属单位，目的是教育广大群众。对于有突出贡献的典型一般多用命令、决定来表彰。

批评性通报，主要用于将某人或某单位所犯的错误公之于众，让人们从中吸取教训，引以为戒，防止类似错误再次发生。批评性通报最为常见。如《××市百货大楼火灾事故的通报》。

一般情况通报，主要用于向有关部门或所属单位告知某一方面工作的问题，以便人们掌握情况、统一认识、协调一致，达到做好工作的目的。

二、通报的格式及写法

通报格式由标题、主送机关、正文和落款组成。

（1）标题。一般由发文机关＋事由＋文种组成，也可以由事由＋文种组成。

（2）主送机关。通报的发文范围有一定限制，因此主送机关也是有限定的，一定要写明。

（3）正文。通报正文分两种情况。一是一般情况通报，这类通报的正文由两部分组成，一部分是通报相关情况，另一部分是交代需要注意的事项；二是表彰性通报和批评性通报，这两种通报的写作目的相同，表扬和批评都是教育，因此写作思路相同。正文内容都包括四个部分，表彰性通报依次是介绍先进事迹，宣布表彰决定，分析先进思想，号召大家学习；批评性通报依次是叙述错误事实，宣布处理决定，分析错误原因，希望大家引以为戒，注意这里的处理决定一定要有依据。

（4）落款。

三、写作注意事项

（1）事例要典型。无论是表彰性通报还是批评性通报，通报事例必须是突出的有重要社会价值、普遍意义的，这样的通报才能起到教育的效果。

（2）内容要客观真实。各类通报的内容要经过认真核实，要准确分析，适当评议，既不能片面化也不能绝对化，做到实事求是，恰如其分。

（3）制发要适时。通报不是通知，随时随地都可制发，也不可能今天发现好人好事或错误行为，明天就要赶发通报，通报的制发要选择最佳时间进行，这样才能收到最佳的教育效果。

（4）在同一个通报当中，不能同时有直陈和转述两种表达方式。

例文1

关于表彰罗树海老师见义勇为的通报

  2013年1月8日，粤北山城始兴正值数九寒冬。傍晚时分，一位年近七旬的肖姓老人如往常一样，骑着电动车去幼儿园接他年仅三岁半的孙女回家，当他们行至墨江平湖水闸旁时，因用力过猛，连人带车翻下6米多高的墨江河堤，然后掉入近两米深的冰冷河水中，爷孙俩在河中沉浮挣扎。当即引来五六十人围观，但因堤高水深，且水下情况不明，导致施救困难太大，因此无人进行施救，爷孙俩命悬一线。这危急一幕，正被路过此地的始兴县中等职业学校罗树海老师看见，他不假思索，飞身从六米多高的堤上跳到堤下岸边，再跳入两米多深冰冷的河水中救人，经过数分钟的奋力救援，终将小孩和老人安全救上岸。当看到随后赶到的"110"警察和"120"医护人员把爷孙俩送往医院治疗时，罗树海老师才穿着湿透的单衣，拖着疲惫的身躯，默默地离开现场，回了家。晚上，他感到双脚剧痛，到医院检查后方知跳河救人时，大腿神经韧带受到损伤，需半个月左右时间才能恢复正常。后来，罗树海老师勇救落水爷孙的事迹被现场一位目击者向始兴县有关方面爆料，经《南方日报》《韶关日报》，以及始兴县人民政府网等媒体专题报道后，才渐为人知。市委教育工委书记、市教育局局长曾风保获知此事，当即作出批示，指出罗树海老师的行为就是我市广大教师践行韶关教育精神"厚德笃行，立己树人"的生动写照，要求全市教育系统迅速掀起学习热潮，弘扬美好师德，并安排市教育工会的同志会同市教育基金会的领导前往慰问，送上慰问金，表示亲切的慰问，并致以崇高敬意！

  生命最可贵。人的生命只有一次，在关键时刻，罗树海老师将自己的生命安危置之度外，奋勇救人，以自己的大义行为挽救了两条生命，其行为高尚，其精神可嘉。被救者与罗树海无亲情血缘关系，他完全可以装作视而不见悄然离开，但他没有这样做，而是毫不犹豫地"该出手时就出手"。教师代表社会良心，塑造人的灵魂。身为人民教师，他以自己的实际行动彰显了"真、善、美"，树立了人民教师的光辉形象，他无愧于人民教师的光荣称号，是名副其实的道德楷模、践行新时期广东精神和韶关教育精神的典范，是全市广大教师和教育工作者学习的榜样。

  为表彰先进，弘扬正气，市委教育工委、市教育局决定对见义勇为的罗树海老师予以全市通报表彰，并号召全市教育工作者向罗树海老师学习致敬！学习他奋不顾身、见义勇为的高尚品德，学习他淡泊名利、不计得失的博大胸怀，争当一名大爱的传递者、正义的践行者，努力践行韶关教育精神，树正气，铸师魂，为打造粤北特色的师德师风品牌、建设幸福美好新韶关作出更大的贡献！

特此通报。

中共韶关市委教育工作委员会　韶关市教育局
2013年1月17日

简析：

这是一份表彰性通报，中共韶关市委教育工作委员会、韶关市教育局对该市罗树海老师见义勇为的行为提出表彰。第一段叙述罗老师见义勇为的行为及教育局领导的表扬与慰问；第二段分析罗老师的高尚精神；第三段号召大家向他学习。全文思路清晰，语言富有感染力。

例文2

××市食品酿造公司关于××食品厂司机×××擅自开车到北戴河游玩的通报

公司所属各单位：

今年8月8日晚，××食品厂司机×××以磨合汽车为借口，擅自驾驶"630"食品防尘车并带上五人从××分厂去北戴河游玩。8月10日上午8点抵达北戴河，直到8月12日夜间12点才返回公司，行程600多公里。

×××的行为违反组织纪律，错误实属严重。车队负责人在问题发生后未及时向公司汇报，这种做法也是错误的。为了严肃纪律，维护公司利益，同时教育×××本人，经公司研究决定：对司机×××予以通报批评，扣发三个月奖金，并责令其上交全程所用汽油费。

望各单位接此通报后，组织员工及时学习、讨论，从中吸取教训，把各项工作提高到一个新水平。

××市食品酿造公司
××××年××月××日

简析：

这是一份批评性通报。标题由发文机关＋事由＋文种构成。正文第一段写当事人的错误事实和经过，具体交代了时间和地点。第二段对当事人的错误进行了分析评价，同时作出了处理。第三段对各单位提出了希望和要求。全文层次分明，语言简洁，分析评价到位，行文思路清晰。

第四节
报告和请示

一、报告

（一）报告的适用范围和分类

1. 报告的适用范围

报告适用于下级机关向上级机关汇报工作，反映情况，提出意见或者建议，答复上级机关的询问。

2. 报告的分类

报告是告知性的上行文，按其内容可分为综合报告和专题报告。综合报告一般用于政府工作总结或提出今后的工作设想等；专题报告一般用于提出意见和建议或答复上级相关询问等。按行文的目的分类，报告分为呈报性报告和呈转性报告。呈报性报告，一般用于下级向上级汇报情况，提出意见、建议或答复上级询问等。呈转性报告，一般用于下级机关呈报意见或建议的同时要求上级机关批转到有关部门执行。

（二）报告的格式及写法

报告格式由标题、主送机关、正文、落款构成。

（1）标题。一般采用完全式标题，即由发文机关＋事由＋文种组成。

（2）主送机关。报告是报请性公文，主送机关多为一个，如需其他上级机关知道，可以用抄报形式。

（3）正文。报告的正文一般由报告缘由、报告的事项和结尾三部分组成。

缘由主要是简明扼要地交代全文的主要内容或基本情况，也可以陈述有关事项的背景或原因。如果是呈报性报告，常用"现将有关情况报告如下"，如果是呈转性报告，常用"为此，提出如下意见"来过渡到报告事项。

报告事项的写作要紧紧围绕行文目的和主旨来进行。如果是对某一事件做检讨的报告，重点放在对事件发生的原因（包括直接原因和间接原因）进行深入剖析。如《××市百货大楼特大火灾事故的报告》主要内容是分析火灾的原因。如果是提出建议、意见的报告，重点放在提出建议或意见的内容上。如果是答复上级询问，应先就答复的问题进行简述，然后再针对问题逐项陈述清楚。

报告的结尾如果是呈报性的，用"特此报告"作结。如果是要求批转的，一般用"以上报告如无不妥，请批转××单位执行"作结尾。

（4）落款。

（三）写作注意事项

（1）情况要真实。报告所涉及的事例、数据要准确、无水分，同时不能只报喜不报忧。

（2）重点要突出。要根据报告目的来确定突出的重点。工作报告的重点，一般是做了哪些工作、有什么体会。建议报告，要突出建议的可行性；检讨报告，要突出检讨发生问题的原因及今后应采取的措施。切忌主次不分、流水账式的写法。

（3）陈述要有序。报告篇幅一般较长，写作时要注意结构和层次的合理安排，汇报情况要脉络清晰。

（4）报告中不得夹带请示事项。

二、请示

（一）请示的适用范围和分类

1. 请示的适用范围

请示适用于向上级机关请求指示、批准。

请示属于报请性上行文，是下级机关在工作中主动取得上级机关支持的有效方法。但并不是事无巨细，遇事都得向上级机关请示，属于本机关职权范围内的，又有明确政策规定的问题，应当自行解决，只有本机关无权、无力、无法解决的时候才能请示上级机关。一般来说须请示的有以下几个方面的问题。

（1）对党和国家有关方针、政策不了解，需要上级机关界定或解释的问题。

（2）工作过程中发生了本机关难以处理的需要上级机关给予明确指示的问题。

（3）某项工作遇到困难，需要上级给予支持或帮助解决的问题。

（4）工作中遇到超出本机关职权范围，自行处理不了，需要几个部门共同协调完成的问题。

（5）请求上级机关裁定有关问题。

其他如建立机构、增加编制等也需要请示。

2. 请示的分类

根据写作目的，请示可分为请求指示的请示和请求批准的请示两种。前者是下级机关在工作中遇到重要的疑难问题，或新情况、新问题，或对上级指示和有关政策领会不透彻或有不同理解，需要上级机关作出指示或加以解释说明；后者是为了使某一事项的解决办法得到上级机关的审批认可，即因权限关系，对涉及经济、物资和人员编制等问题，下级机关自己不能作主，需要上级机关批准。

(二)请示的格式及写法

请示的格式一般由标题、主送机关、正文、落款等四个部分组成。

(1) 标题。多用完全式标题,即由发文机关+事由+文种组成。请示的标题要准确地概括内容,不要出现大标题小内容的现象,也不要拐弯抹角,要直截了当。

(2) 主送机关。请示的主送机关也是有限定的,主送机关必须是上级领导机关。

(3) 正文。请示的正文包括请示的缘由、请示事项和要求三个部分组成。

请示的缘由主要是提出请示的原因、背景、依据或理由等,请示的缘由非常重要,理由写得充分,合情合理,是获得上级领导机关批准的一个重要因素,写作时应把最重要的理由放在前面。

请示的事项主要是要求上级机关给予指导、审核或批准的具体问题。在写作时要根据不同的内容区别来写:如果是要求上级给予帮助的,要写明具体准确的数据;如果要求上级就某个问题给予指示的,要把问题真实地反映出来,不能含糊或歪曲;如果请示的事项是要求上级批转的,所转事项要写得切实可行,具有操作性。

请示的要求也要根据行文目的来写:如果要求上级批准的,常用"妥否,请批示"或"妥否,请批复";如果是要求上级批转的,常用"以上意见(请示)如无不妥,请批转××(单位)执行"。这点与报告的要求相近。

(4) 落款。包括发文机关和发文日期两部分,与上文空两行,写在右下角。

(三)写作注意事项

1. 请示内容要一文一事

请示内容如果涉及几个事情,就会给上级机关的批复带来不便,影响到问题的解决。

2. 不能多头主送,更不能直送领导本人

请示一般只能主送一个机关,必要时可以抄报其他机关,但不能抄送下级机关。除领导特别交代以外,请示不宜直送领导本人。

3. 一般不要越级请示

一般不要越级请示,如确有必要,比如处理水灾、火灾、地震等重大自然灾害或重大险情等,才可以越级请示。

4. 注意请示与报告的区别

常有人将请示与报告混为一体,出现"关于××的请示报告"的标题,这是不允许的。在实际工作中,下级常常向上级领导请示工作,领导说:"你打个报告来吧",其实应该是写一个"请示"来。请示与报告有本质的区别，表现在：一是目的不同，请示的目的是要求上级机关答复或批复，报告则不需要。二是涉及时间不同，请示必须事先行文，待上级机关批准后才能施行；报告一般是事后或事中行文。三是内容不同，请示内容侧重于请求批准的事项，报告侧重于让上级知道、了解的事项。在选用请示或报告文种时，如需要批复的用请示，如不需要批复的用报告。

例文1

关于张××同志职称评定问题的答复报告

××市人民政府办公室：

　　接市办5月20日查询我单位张××同志有关职称评定情况的通知后，我们立即进行了调查。现将有关情况报告如下：

　　张××同志是我集团公司二分厂工程师。该同志1962年起曾在××工学院受过四年函授教育，学习了有关课程。由于"文革"而未能取得学历证明。因缺乏学历证明，在今年上半年职称评定时，根据上级有关文件精神，我单位职评委员会决定暂缓向上一级职评委员会推荐评定他的高级工程师职称，待取得学历证明后补办。该同志认为这是刁难，因而向市政府提出了申诉。

　　接到市政府办公室查询通知后，我们专程派人去××工学院查核了有关材料，得到××工学院的支持，正式出具了该同志的学历证明。现在，我集团公司职评委员会已为张××同志专门补办了有关评定高级工程师的推荐手续，并向该同志说明了情况。对此，他本人已表示满意。

　　特此报告。

××集团公司
××××年××月××日

简析：

　　这是一篇写得比较好的答复报告。正文开门见山写接到市办查询通知及已进行了调查，这是行文的背景。接着以文种承启语导出主体。主体写出张××一事的缘由、调查和处理的情况，有理有据。报告处理结果，尤其是张××本人对处理结果的态度，是上级最关心也是本文的关键一笔，简洁明白，可得到上级部门的认可。

例文2

关于暂缓调高旅游专项资金在交通建设附加费中的分配比例的请示

北京市人民政府：

  今年4月7日，北京市委、市政府《关于加快发展旅游业的决定》（北政字〔2009〕8号），同意设立旅游建设发展专项金，其部分资金来源于交通建设附加费的分配，并将此分配比例从原来的5%调高到10%。对此，我委认为该措施无疑有利于筹集资金，促进旅游业发展。但当初决定征收旅游业交通建设附加费的目的，主要是筹集地铁资金，现要提高旅游专项资金在交通建设附加费中的比例，必然减少地铁资金的来源。地铁工程建设年度投资高达30亿元，筹集任务十分艰巨，而今年地铁资金缺口更大，需开拓更多的资金来源。因此，任何减少筹集地铁资金的做法都会导致工期拖长和投资增大，不利于工程建设。

  鉴此，我委建议在地铁建设期内，暂缓调高旅游专项资金在交通建设附加费中的分配比例，仍执行旅游专项资金在交通建设附加费中占5%的分配比例不变。

  特此请示，请批复。

北京市计委
2009年5月10日

简析：

这份请示充分陈述理由，分析利害，抓住了请示的重点，理由充分必要。

第五节 批　复

一、批复的适用范围、特征和分类

1. 批复的适用范围

批复适用于答复下级机关的请示事项。

2. 批复的特征

(1) 针对性。批复与请示是相对应的文种,批复的内容就是针对下级机关的请示事项表明态度,具有较强的针对性特征。

(2) 指导性。批复是上级机关对下级机关工作中出现的问题作出的批示性的意见,是下级机关开展工作的依据之一,因而批复又具有指导性特征。

3. 批复的分类

根据内容来分,批复可分为对请求指示事项的批复和对请求批准事项的批复两类,即指示性批复和批准性批复。

二、批复的格式和写法

批复的格式一般包括标题、主送机关、正文、结尾、落款等部分。

(1) 标题。用完全式标题,即由发文机关＋事由＋文种组成。批复的标题一般都含有上级机关的态度和所批复事项这两个内容。如"国务院关于同意浙江省宁波市滨海区更名为北仑区给浙江省人民政府的批复"。现在的批复标题一般都省去发文机关,使标题显得简洁。

(2) 主送机关。批复的主送机关就是提出请示的发文机关,是有限定的。如果是联合请示的,批复的主送机关分别是联合的几个单位。

(3) 正文。批复的正文包括引叙、答复两个部分。

引叙,即在开头句引出所要批复的下级机关来文的标题及发文字号,以作为批复的依据,一般用"你单位《关于××的请示》(××〔20××〕×号)收悉"的形式引叙。常用"现批复如下"来过渡到批复事项,现在很少用"经研究"这些套话,有的干脆直接答复。

批复的答复事项要针对请示事项给予明确答复,态度要明朗,意思表达要准确,文字要简洁。如是批准性的,应用"同意"或"不同意",不同意时要写明不同意的理由。如是指示性的,要阐明具体的指导原则。

(4) 结尾。批复的结尾,一般用"特此批复"或"此复"作结。现在大都不用了。

(5) 落款。包括发文机关和发文日期两部分,与上文空两行,写在右下角。

三、写作的注意事项

(1) 要针对请示内容给予具体、明确的答复,切忌答非所问或扩大范围。

(2) 批复事项要明确,文字要简洁,没有歧义,便于操作或执行。

(3) 篇幅要简短。

例文

安徽省人民政府关于同意安徽望江经济开发区扩区的批复

安庆市人民政府：

《关于请求将安徽望江经济开发区扩区的请示》（宜政报〔2013〕55号）悉。经研究，现批复如下：

一、同意安徽望江经济开发区扩区，总体规划面积由1.2平方公里扩大至11.46平方公里（至2030年），四至范围由国土资源、住房城乡建设部门依法核定，另行报批。

二、望江经济开发区要进一步完善总体发展规划和产业发展规划，做好与望江县土地利用总体规划和城镇总体规划的衔接工作。同时，要科学编制控制性详规，有计划、分步骤地组织实施。

三、望江经济开发区要按照产城一体、城乡统筹、节约用地、优化生态、以人为本、宜居宜业的要求，建设成为产业特色鲜明、有较强竞争力的产业集聚区，开发开放和体制创新的先行区，以及功能完善、环境优美的新城区。园区重点发展纺织服装、农产品精深加工、新兴加工制造等主导产业。

四、安庆市和望江县人民政府要加强对望江经济开发区扩区工作的领导，依法做好土地征收征用、农民搬迁补偿等工作，节约集约用地，加强环境保护，确保开发区扩区工作顺利推进。

五、省政府有关部门要按照提质提效有关要求，加强指导和服务，促进望江经济开发区持续健康较快发展。

安徽省人民政府
2014年2月13日

简析：

这是安徽省人民政府给安庆市人民政府的一份批复。标题由发文机关＋事由＋文种构成。正文由引述和批复两部分组成。第一段引述安庆市的来文标题及发文字号，作为批复的依据，由"经研究"过渡到批复事项。批复事项有五个方面，主要内容是同意请示并做了相应的指示。全文语言简洁，条理清晰，便于请示机关遵照执行。

训练设计

一、知识训练

（一）填空题

1. 目前我国有五级政府，按从高到低的顺序，依次是_____、_____、_____、_____、_____。

2. 公务文书按照行文方向可以分为上行文、_____和下行文。

3. 行政公文的作用有：_____作用、_____作用、_____作用、_____作用和_____作用。

4. 公务文书的办理分为_____和_____两种情况。

5. 国务院将颁布的法律法规在报纸上发布，这种行文方式叫_____行文。

6. 通知具有_____性、_____性、_____性的特征。

7. 通报可以分为_____通报、_____通报和一般情况通报。

8. 批复的特征是_____性、_____性。

（二）判断题

1. 公务文书俗称"文件"。（   ）
2. 学校属于事业单位，医院属于企业单位。（   ）
3. 安徽省教育厅和淮南市政府可以联合发文件。（   ）
4. 通知发给下级时，也要发给上级，目的是让上级知道本部门所做的工作。（   ）
5. 通报一般情况时可以同时对发现的问题提出批评。（   ）
6. 只有在本机关无权、无力、无法解决的时候才能请示上级机关。（   ）
7. 请示一般只能主送一个机关，必要时可以抄报其他机关，但不能抄送下级机关。（   ）
8. 请示与批复是行政公文中唯一一一对应的文种，没有请示就没有批复。（   ）

二、能力训练

1. 根据下列材料，拟写一份会议通知。

九三学社安徽省委员会决定在 2022 年 8 月 29 日召开九三学社成立 77 周年庆祝大会，会议的主要内容是领导讲话、举行纪念九三学社成立 77 周年的演讲比赛，请各地市委员会领导参加会议，并选拔两名选手参加比赛。报到时间是 2022 年 8 月 28 日 15：00 至 18：00，报到地点是合肥市齐云山庄酒店大厅（合肥市芜湖路××号）。联系人是朱××、金××，电话（传真）是 0551-6262××××，电子信箱是××93b@163.com。

2. 根据以下材料，拟写一份批评性通报。

我校计算机信息工程系 2022 级学生邹××在大一第一学期期末考"计算机硬件与组

装"时偷看纸条作弊,被监考老师发现,学校根据我校学生管理规定决定给他记大过处分。具体考试时间是2023年1月16日上午7:50至9:30。

3. 根据下列材料,拟写一份请示、一份批复。

2022年5月15日,凤台县大山镇初级中学突遭特大暴雨,冲毁了10间教室,影响正常教学,为此学校向县教育局请示拨款25万元用于重建教室。教育局同意拨款20万元,不足部分请学校向大山镇人民政府求助。

第三章　事务应用文

章节说明

事务应用文有很多，本章选取其中最常用的计划、总结、述职报告、策划书，以及公示、启事和声明等文种进行讲解。

教学建议

建议教学安排安排十课时，每节两课时。

第一节
计　　划

一、计划的概念和作用

（一）计划的概念

计划是机关、团体、企事业单位或个人对未来一定时间内的工作、生产或学习等所拟定的目标、任务，以及为了实现这样的目标、任务所制定步骤、措施的一种应用文文种。简单地说，计划就是要明确做什么、怎么做。

在处理日常事务的过程中，"安排""打算""设想""要点""意见""方案""规划"等，都属于计划的范畴。一般说来，"安排"和"打算"时间较短，任务明确具体，并偏重于工作步骤和方法的计划，"打算"还具有初拟性；"设想"是对工作任务等做粗略的、非正式的预想，供做正式计划时参考；"要点"和"意见"是原则性较强、内容较完整的纲要性的计划；"方案"是对某项具体工作从目的、要求、具体方法和步骤都作出全面部署与周到安排的计划；"规划"是一种带有全局性、长远性和方向性的计划。

（二）计划的作用

1. 提高自觉性，避免盲目性

计划是根据党和国家的有关方针、政策以及上级指示要求，依据本部门或个人的实际情况和需要制订出来的。有了计划，就有了明确目标、目的和具体的步骤、措施，使工作、生产和学习按计划自觉进行，能避免偶然性和盲目性的干扰。虽然人们常说，计划赶不上变化，但仍然还要有计划，甚至可以说，正是因为事情会有变化，所以我们先要做好应对变化的准备，要提前制订计划。比如，篮球比赛要有后备队员，打仗要有预备队。

2. 调动积极性，增强竞争力

计划一经制订实行，各部门及其成员就要在目标的指引下，按照计划完成自己的工作任务，做好自己的本职工作。为了实现共同的目标，客观上要求各部门及其成员团结一致，努力奋斗，充分发挥集体的智慧，以及每一个人的创造性和积极性，千方百计地完成各项任务。同时，一个好的计划，必然要求合理地安排人力、财力和物力，学习最先进的经验、技术，采取事半功倍的工作方式、方法和步骤，这又必然会促进工作效率的提高，竞争能力的增强。

3. 便于督促检查，保证实现目标

计划是督促、检查的依据。有了计划，就可以随时掌握工作、生产和学习的进度，便于了解任务完成的情况，从而保证工作、生产和学习一个阶段接着一个阶段地稳步进行。如果某一环节出现问题，不能达到预定的计划目标，就可根据实际情况采取相应的措施，进行调整，或在以后的进程中进行弥补，从而保证整个计划目标的顺利实现。另外，整个计划实施完毕后，还可以检查工作成果。计划执行好的，要及时总结并推广其经验；计划完成差的，可以尽快找出原因并吸取教训，以便把今后的各项工作做得更好。

4. 锻炼工作能力，学会做事情，最终做成事情

古人云："凡事预则立，不预则废。"首先要"预"，就是一个人要有想法，要决策，否则眼前的机会就失去了。所以，一个人能否成大事，首先就在于他有没有想法。有了决策之后就是"怎么做"了，制定切实可行的措施方法才能够把事情做成、做好。这样，一个人的才能也就显现出来了。

二、计划的种类

计划的种类很多,按不同的标准可以将计划划分出不同的种类。按内容分类,有生产计划、工作计划、学习计划等;按时间分类,有短期计划、长期计划;按范围分类,有组织计划、个人计划。还可按其他标准对计划进行划分,如按形式分类,有条文式计划和表格式计划;按性质分类,有综合计划和专项计划;按制约性分类,有指令性计划和指导性计划等。一份具体的计划,往往兼具多种性质,如某一企业一个季度的产品销售计划,既是组织计划,又是生产计划,也是专项计划,还是短期计划。

三、计划的格式和写法

计划一般由标题、正文、结尾和落款四个部分组成。

1. 标题

标题又叫计划名称,一般由制订计划的单位、适用期限、计划内容和文种四个要素构成,如"安徽××职业技术学院2023年党政工作要点"。也有的标题省略了制订单位,只在署名处写上制订单位名称。个人计划往往只写计划内容和文种,如"业务进修计划"。如果计划是未定稿,或是征求意见稿、讨论稿,须在标题后用括号注明"草案""初稿""供讨论用"等字样。

2. 正文

正文是计划的具体内容,一般包括前言,目标和任务,措施、办法与步骤三部分。

1)前言

简要说明制订计划的指导思想,如政策根据、上级指示精神、当前形势等;也可概述基本情况,如制订计划的现状或有关背景情况,即实现计划的有利条件和不利条件等。一般以"为了××××××××,特制订计划如下"引出下文。

2)目标和任务

这是计划的主要内容,即明确"做什么"的问题。要明确写出计划的具体目标、指标和要求,包括数量上、质量上和时间上的具体要求等。一般先写总目标、总任务及完成时限,然后写分项的指标和具体的任务,使总目标、总任务具体化,即计划做哪些事,做到何种程度。目标的设立要实事求是,留有余地,不能过高,也不能过低,通俗的说法是"跳一跳就能够得着"。专项计划的目标只有一个,综合计划的目标有多个,应按主次顺序依次列出。

3)措施与要求

这是计划的关键内容,解决"怎么做"的问题,即采用哪些具体的办法和方法来实现目标,来完成任务,诸如动员哪些力量,排除哪些困难,创造哪些条件,采取哪些手段，通过哪种途径，各部门怎样配合协作，等等，有时还要说明检查、评比、奖惩的具体做法和要求。这一部分要具有可操作性，能够对照检查。

4）其他事项

除以上内容外，如果有需要注意的问题，如计划在实施过程中可能会遇到什么情况或问题以及应采取哪些相应的对策等，可以作为"其他事项"来加以明确，如事项较多，可以分列条项。如果没有需要注意的问题，这一项也可以不写。

3. 结尾

结尾也叫结语，其内容一般包括在执行计划时应注意的事项，需要说明的问题，或是提出要求、希望和号召等。也有的计划没有专门的结尾。

4. 落款

注明制订计划的单位名称或个人姓名，在署名下写制订计划的年、月、日。如果在标题中或标题下已有单位名称，此处就不必署名，而只写日期。如果是作为文件上报或下达的计划，要加盖公章；如果需要抄报、抄送某些相关单位，应分别在结尾后写明。如果与计划有关的一些材料，不宜在正文里表达，可以在结尾后以附文、附表或附图等"附件"形式来说明。

例文

本学期的学习计划

本学期是我大学生活的第四个学期，也是我学生生涯的最后一个学期，为了珍惜学习时光，提高自己的知识储备和专业技能，特制订如下计划。

一、目标和任务

1. 期末考试总分班级排名前进6位。上学期排名21名，这学期要进入前15名，并且绝对不能有挂科。

2. 拿到施工员技能证书。

二、措施与要求

1. 定好闹钟，按时起床，保证上课不迟到；中午要休息一小时左右，保证下午上课精力充沛。

2. 上课专心听讲，记笔记，没有理解的要问老师、同学或上百度弄清楚。

3. 晚自习坚持到班级，完成作业、复习、预习。

4. 每门课要去图书馆借一本课外书对照学习，利用晚自习和周末时间看。

5. 3月初报名施工员岗位技能考试，平时复习多做模拟训练，确保顺利过关。

以上计划要时时对照检查，说到做到，不放空炮。

梅××
××××年××月××日

简析：

这是一份个人的学习计划，主题明确，条理分明。前言简洁明晰；目标任务难度适中，经过努力是可以实现的；措施与办法紧扣学习实际，切实可行；最后一段是结尾，是对自己的要求。

第二节 总　　结

一、总结的概念和作用

（一）总结的概念

总结是机关、团体、企事业单位或个人在某一阶段的工作结束之后，对其进行检查、反思和研究，找出经验和教训，提炼出具有规律性的理论认识，以指导今后工作的一种应用文体。

总结是与计划密切联系的。计划是对未来的展望与构想。计划实施一个阶段后，就要进行全面总结，找出其中的规律，作为制订下一步新计划的依据和借鉴。总结是对过去的回顾与思考，是将在执行计划过程中得到的感性认识上升为理性认识，是对事物的现象与变化过程做规律性的揭示。把总结与计划结合起来，就能够不断提高人们的认识水平和实践能力，从而更有效地去进行实践活动。

（二）总结的作用

1. 获取经验，吸取教训

总结是对过去某一阶段的工作、生产或学习过程的回顾与思考，可以发现成绩、成功是如何取得的，挫折、失败是如何导致的，哪些措施、方法和步骤的安排是正确的，哪些是不正确的，从而获取经验，吸取教训。

2. 发现规律，提高认识

实践的目的是改造世界，而改造世界的前提是认识世界。当然，认识的本质是实践，而实践中得到的认识主要是感性认识，总结正是把实践中简单的、零散的、表面的感性认识，经过分析研究，转化为系统的、本质的理性认识，从而发现规律。通过一次次的总结，人们就会得到一次次的锻炼，学会全面辩证地看问题，学会分析、综合的方法，从而提高人们的认识能力和水平。

3. 沟通信息，推广经验

总结一般是写给自己看的，但有时也要上报，有时还要通过各种媒体加以传播。因此，总结可以使领导部门及时了解下级的工作情况，加强对下级工作的领导和管理，或者针对具体情况给予帮助和指导，或者将其有普遍意义的经验、教训告知有关单位，沟通上下、左右的信息，达到互相借鉴、共同前进的目的。

二、总结的种类和特点

（一）总结的种类

总结的种类与计划大体相同。按内容分类，有工作总结、生产总结、学习总结和思想总结等；按时间分类，有年度总结、季度总结和月总结等；有时根据需要可进行周总结、日总结等；按范围分类，有单位总结、部门总结和个人总结等；按性质分类，有综合性总结和专题总结。

（二）总结的特点

1. 真实性

总结是对已经过去的实践活动的回顾与反思，因此，它必须真实客观地反映事物的本来面目。工作、生产、学习的情况、过程、成绩、教训都是建立在具体事实基础之上的，是通过对具体的措施、做法和步骤的分析概括出来的。如果总结的内容不真实，所谓成绩和经验都是虚假的，那就失去了总结的实用价值和意义，甚至带来莫大的危害。

2. 概括性

总结的概括性主要体现在三个方面：一是叙述实践活动的过程是概述，而不是具体描述，不是记流水账；二是总结不能停留于对表面现象的回顾与实践活动情况的复述，而要对纷纭复杂的现象和活动情况进行分析综合，概括出事物情况存在和变化的规律，概括出经验和教训；三是语言要有概括性，要准确简洁，不做详细推论和描绘。

3. 指导性

总结过去是为了指导未来。通过对过去实践活动的回顾与反思，可以提高认识，把握本质，发现规律，吸取经验和教训，在今后的实际工作中就可以扬长避短、发扬成绩、改正缺点，把工作做得更好。即使是他人的总结，其总结的经验教训也可以作为借鉴，为己所用。这样，总结既可有"前事不忘，后事之师"的功用，又可有"他山之石，可以攻玉"的效果。这正是总结的意义与价值之所在。

三、总结的格式和写法

总结的格式与计划相同，一般由标题、正文、结尾、落款四个部分组成。

（一）标题

标题是总结的名称，要能概括内容中心，一般有以下几种写法。

1. 公文式标题

一般由单位名称、时限、内容和文种四个要素组成，如"××市××局2022年度工作总结"。这与计划相同。采用这种写法的标题较为严肃，常用于综合性总结或向上级呈报的总结。当然也可省略某个成分，如"2022年度安全生产工作总结"，就省略了单位名称，而在署名处写单位名称。

2. 文章式标题

指在标题中概括总结主要内容和基本观点，如"反腐倡廉，开创金融工作新局面""加强科学管理是企业发展的关键"等。这些标题概括准确，简明切实，常用于专题总结或不定期总结。

3. 双行式标题

由正题和副题组成，正题揭示观点或概括内容；副题标明单位名称、时限、内容和文种，实际上是文章式和公文式标题的结合，如"治理整顿求发展，改革开放增效益——××公司××××年扩大××产品出口总结"。

4. 提问式标题

在标题中以提问的方式点明总结的主要内容，引人深思，如："我们是如何实现产销平衡的？"

（二）正文

总结的正文一般应写明以下内容。

1. 前言

总结的前言也叫导语，其写法灵活多样，基本要求是开门见山、简明扼要，一般应简要介绍上一阶段工作的基本情况，然后以"为了总结经验教训，××××××××，特作如下总结"过渡到下文。

2. 取得的成绩及经验

成绩要讲足，越多越好，要分条列项，至少写三条。这是为了发现优势，树立信心，给领导、给下属以积极的信息。成绩总结的主要内容，所占篇幅较多，要写得具体而实在，点明成绩表现在哪些方面，能用数据表示的就用数据，不能用数据表示的，要从性质上进行准确界定。写成绩，既不能夸大，也不能缩小，夸大是弄虚作假，缩小容易挫伤群众的积极性。对工作中的缺点和失误也应实事求是地说明，不能刻意回避。有成绩就有经验，成绩越大，经验就越多、越好。经验就是对如何取得成绩的概括，是对上一阶段工作的指导思想，以及为实现目标和完成任务而采取的措施、做法和步骤等的理性分析，是对工作实践的本质和规律的正确把握，因此，不能就事论事，要进行深刻的理论分析和综合。

3. 存在的问题及教训

问题不仅要写到位，而且要分条列项，但一般不多于三条。这也是总结的主要内容，但问题不能讲得太多，否则总结就成了检讨书，会打压自己的积极性，也会给领导和下属留下负面印象。认识到错误说明自己对错误已经有清醒的认识，就有改正错误的希望，所以也不要怕写出存在的问题。存在的问题往往是主观认识或具体做法出了问题，这就是教训。教训在本质上也是一种经验，通常称为反面经验。写教训，不能停留在仅叙述有什么错误认识，有哪些错误做法，要寻找出产生这种错误认识或错误做法的原因，这才是真正的教训。

（三）结尾

结尾要在总结经验教训的基础上，写今后的努力方向。要分析形势，提出新的任务，明确今后的打算。这实际上是对下一阶段工作的设想和安排，是针对工作中实际存在的问题，提出解决的办法。解决办法要写得切实可行、简明扼要，不能写成一个计划。

（四）落款

落款包括署名和日期，写明总结的单位名称或个人姓名和日期。单位总结，如在标题中已出现单位名称或在标题下已注明单位名称的，则不必重复署名；否则，应署名。单位向上级呈报的文件式总结，应加盖公章。个人总结应署名，如是公开发表的，一般在标题下署上姓名。

例文

工程造价（2）班 2021—2022 学年第一学期班委会工作总结

本学期是我们大学生活的第一学期，我们班委会在班主任梅老师的指导下，按照工作计划有条不紊地开展各项工作，取得了可喜的成绩，也存在着诸多不足，为总结经验教训，做好今后的工作，特作总结如下。

一、取得的成绩及经验

1. 良好的班风开始形成

军训结束以后，我们班委会在班主任梅老师的指导下成立了。班委会成立后，我们立即制定了班级德育量化考核制度，制订了本学期班委会的工作计划，并在班级群里面公布。一个学期以来，这些制度得到了很好的落实，班委会的工作计划基本上实现了预期目标。全班同学积极向上，踊跃参加各项活动，我们班在院、系各级比赛和活动中都有较好的表现，这与德育量化考核制度的引导作用是分不开的。

2. 以学风建设为重点

学生以学习为主，为此，我们注重学风建设，主抓早晨上课迟到和晚自习缺勤等情况，及时找迟到、缺勤同学谈话，将屡教不改的情况反映给班主任。经过我们的努力，迟到、早退、缺勤等现象得到有效控制。

3. 各项文体活动取得了很好的成绩

本学期我们班男子篮球队获得了系冠军；我们系足球队夺得了校冠军，其中有我们班的四名队员。在有我们班同学参加的比赛中，我们班委会都会组织同学去赛场呐喊助威，安排下午有比赛的同学早自习在宿舍休息，为他们的训练和比赛提供最大的方便。本学期我们还成功地举办了元旦联欢会，我们提前两周准备节目、确定主持人，提前两天准备布置会场，全体同学热情高涨，大家都认为举办得很成功。

4. 宿舍卫生工作也取得了良好的成绩

这学期我们共获得10面流动红旗，其中男生402寝室获得4面，410寝室获得2面，411寝室获得2面；女生103寝室获得2面。大家的集体荣誉感很强，班级也在德育量化考核上给获旗的寝室加分，大家的积极性更高了。

二、存在的问题及教训

一是相当一部分同学还没有找到大学的学习方法。这些同学没有自觉学习的习惯，老师没有布置作业他们就不预习、复习，也不会到图书馆借书看，晚自习虽然到班级了，但多数时间在玩手机。

二是少数班级干部没有以身作则，工作积极性不高，没有发挥好班干部带头作用。

三是班级宣传工作有待加强，本学期除了出了两期黑板报之外没有开展别的宣传工作。

以上取得的成绩我们要在下学期继续发扬，存在的不足我们要想办法改进，我们计划在下学期通过开展班级读书会、演讲会等形式培养同学们自觉学习的习惯，建议班主任老师调整部分班级干部，大家要紧密团结，为建设文明班级而努力。

2021级工程造价（2）班班委会

二〇二二年一月十六日

简析：

这份班委会工作总结条理清晰，结构完整，成绩总结得比较全面，缺点认识得很到位，结尾部分也讲到了改进的方法。全文实事求是，是一份很不错的总结。

第三节 述职报告

一、述职报告的概念和作用

（一）述职报告的概念

述职报告是个人、单位领导或集体的代表在一段工作时间后，或某一项工作完成后，向所属的组织人事部门、主管领导或群众陈述其履行岗位职责的情况的一种应用文体。

述职报告与工作总结有同有异。二者的相同之处是都是对已经完成工作实践进行回顾、反思并进行评价的应用文体。二者的不同之处主要表现在以下几个方面。

1. 目的不同

工作总结一般是写给单位、部门、他人或个人看的，其目的主要是说明做了哪些工作、取得了哪些成绩，这些成绩是通过哪些措施和办法取得，在工作中有哪些体会（包括经验、规律、教训等），今后应怎样把工作做得更好。述职报告主要目的是述说履行职责的情况，在岗位职责范围内做了哪些工作，取得了哪些成绩，要突出自己履行职责的能力等综合素质，以便上级、组织或群众能客观、公正地评价、考核自己的工作实绩和能力。

2. 内容不同

工作总结的内容主要是成绩与经验、不足与教训；总结时要遵循由现象到本质、由感性到理性的顺序，也就是要把握规律。述职报告的内容是有范围限定的，仅涉及履行职责及与之有关的问题。

3. 要求不同

对个人来说，工作总结人人都可以写，但又不强求每个人必须写。而述职报告原则上要求有职有责者都必须写，尤其是各级、各类干部，如目前机关事业单位工作人员年度考核都要求写述职报告，这是年度考核的必经程序，考核合格者才可以享受相关待遇。

（二）述职报告的作用

1. 考察作用

述职报告主要是呈报给组织人事部门、分管领导，为其了解和考察干部和领导班子的工作政绩、能力、作风和领导水平提供依据，为任用干部提供依据。

2. 自励作用

述职报告是自我检查、自我总结的一种形式。岗位职责履行得怎么样，取得了哪些成绩、哪些职责履行得不够好，通过写述职报告的过程，可以使述职者保持清醒的头脑，自我激励、自我诫勉，促使其更好地履行职责。

3. 互勉作用

述职报告通常要在集体场合向领导、群众和同事宣读，这既是对述职者的一种监督，又是与听者的一种交流。因此通过述职过程可以起到互相启发、互相学习、互相勉励的作用。

二、述职报告的种类和特点

（一）述职报告的种类

述职报告一般可按下列标准进行分类。
(1) 以时间为标准，可分为年度述职报告、任期述职报告和不定期述职报告等。
(2) 以述职者为标准，可分为个人述职报告、集体述职报告。
(3) 以内容为标准，可分为综合述职报告、专题述职报告。

（二）述职报告的特点

1. 真实性

述职报告的内容必须真实可靠。谈成绩，应该一是一，二是二，切忌浮夸。对于工作中存在的缺点和问题也要实事求是地反省，不可回避。说理要实实在在，要建立在具体的事实和常理之上，不可空发议论。抒情要有真情实感，要用真情来感动他人，切忌无病呻吟。

2. 公开性

述职报告不只是呈报给组织人事部门或分管领导看的，还要向干部群众宣读，向组织、领导和群众公开自己履行职责的情况，使人们全面了解自己所做的工作、所取得的成绩，了解自己的工作能力、工作态度和工作方法等。

3. 口语化

述职报告是要当众宣读的，所以语言要简朴、通俗，便于听者了解和领会其内容。但是，简朴不是简陋，通俗不是庸俗，口语化不是口头禅，所以，语言还是要有适当的选择和加工，在注重口语化的同时要能体现述职者运用语言的能力和水平。

三、述职报告的格式和写法

述职报告由标题、正文、署名和日期三个部分组成。

1. 标题

述职报告的标题有三种写法。

（1）由任职时间和文种组成。如"2015年度述职报告""2013—2015年任××职务期间的述职报告"。

（2）用文种作标题，如"述职报告""我的述职报告"。

（3）由正、副标题组成，正标题揭示述职的主旨，副标题补充说明述职者、任职时间等，如"全心全意　恪尽职守——2015年度述职报告""狠抓廉政建设，促进党风好转——××市××局党委书记2015年度述职报告"。

2. 正文

正文由前言、主体和结尾三部分组成。

（1）前言。概述基本情况，为主体部分做好必要的交代和铺垫，并且应能起到引发阅读和倾听兴趣的作用。前言一般包括任职期间、担任什么职务、分管什么工作、岗位职责和工作目标等内容，并对工作情况作出总体评价，以确定述职的范围和基调。也可开门见山，用"现把一年来履行职责的情况汇报如下"引出主体。

（2）主体。具体阐明履行职责的情况。这部分一般应写三个方面的内容：一是工作实绩，即写明任职期间做了哪些工作，取得了哪些业绩，取得业绩的原因，个人所起的作用及其影响等。写成绩要用事实说话，要突出工作特色，重大业绩要详写，一般业绩要略写。同时要表现出自己的敬业精神、工作能力和领导水平，要使组织、领导和群众感到自己能很好地胜任所担任的职务。二是问题与失误，应写明任职期间出现的工作失误，包括决策失误，工作中存在的主要问题与不足，并中肯地分析其原因。同时要表现出严于律己的精神，实事求是和追求卓越的态度，要使组织、领导和群众感到自己能吸取教训、改进工作，更好地履行职责。三是今后努力的方向，应写明今后一段时间内的工作设想，包括打算做好哪些方面的工作，如何发扬成绩、吸取教训、克服缺点与不足，今后的工作目标等。要写得具体实在，切实可行，态度果断，决心坚定。同时要表现出自己在智慧和能力方面的潜力，要使组织、领导和群众相信自己、信任自己。

（3）结尾。一般是表明述职者的态度，常用"欢迎领导和听众们批评指正""欢迎大家批评"等惯用语结束全文，也可以用表明做好今后工作的决心结尾。

3. 署名和日期

署名可放在标题下，也可与日期一起署在篇末右下方。如果不是上报的述职报告，可以不署名，只写日期。

四、述职报告的写作要求

1. 要坚持实事求是的原则

述职报告要真实全面地反映个人或领导集体在履行职责方面的业绩、智慧与才能等，因此，必须认真回顾、反省任职期间的工作，并作出实事求是的评价。说成绩不可夸大，更不能无中生有；谈缺点与过失，不能避重就轻，更不能文过饰非。同时，对于成绩取得的原因，不能仅归功于个人或领导集体的才能与智慧，要充分体现群众的作用。

2. 要突出重点与特色

述职报告对任职期间的工作要进行全面的回顾，但并非面面俱到，要突出重要工作、重大业绩，以及工作中存在的主要问题和缺点，做到点面结合。同时，还要体现履行职责的工作特色，通过求真务实的工作态度、开拓创新的敬业精神，以及领导艺术、理论水平、文化修养或人格魅力等方面体现工作特色。

3. 要用朴实的语言表达真切的情感

述职报告是自己述评自己，语言和情感是相当重要的。叙述工作和成绩的语言应简朴；论说对工作的思考和认识的语言应简洁；抒发热爱国家、人民和岗位工作的情感的语言应朴实，在简朴的语言中体现真切感情、深刻认识和诚恳的态度。

例文

2001年度述职报告

本人自1999年任厅秘书处副处长以来，负责全厅的文字材料工作。2001年，在各位厅长、副厅长的领导下，在我处和兄弟处室同志们的支持帮助下，秘书处的各项工作都取得了较好的成绩，特别是文字材料工作得到了上级领导的充分肯定。

2001年我的主要工作可分为以下几个方面：

1. 积极参加省委、省政府重要文件、会议的文字工作，起草文件××篇，起草省领导讲话××篇，为省委、省政府决策起到了参谋助手作用。（略）

2. 从全省经济发展全局出发，研究谋划全省对外开放工作。主要是研究谋划全省对外开放工作年度和中长期规划，指导全省对外开放工作。（略）

3. 积极开展对外开放政策研究以及调研、督查工作。（略）

为做好本职工作，我一是注意加强政治学习，努力提高贯彻执行党的基本路线和中央、省委方针、政策的自觉性，进一步坚定正确的理想和信念。二是注意加强业务知识的学习，不断提高业务素质。由于近几年经济形势发展变化较快，知识更新快，对文字工作提出了很高的要求。几年来，我不仅认真学习对外开放方面的知识，还抓紧时间学习了宏观经济和金融、证券等方面的知识，为做好工作打下了一定的业务根底。三是尽职尽责，积极配合处长做好工作。作为副处长，我注意对上级服从并配合处长的工作，对下注意协调、团结处内同志，把个人置于秘书处这个集体中去。四是深刻注意吃苦在前，重活、难活抢在前，从不偷懒耍滑，做人表里如一，工作认真负责。

尽管工作取得了一些进步，但离领导和同志们的要求还有不小的差距。（略）

在这里我还要说的是，近几年我所做的工作与上级的正确领导、支持密不可分，也得到全处同志的大力帮助和各处同志们的积极协助，借此机会，向各位领导和全厅同志表示真诚的谢意！并恳切希望各位领导和同志们对我和我处今后的工作继续给予大力的关注和支持。

谢谢大家！

李××

××××年××月××日

第四节 策　划　书

一、策划书概述

策划书是指针对各种社会活动、商务活动，为了达到一定的目的而制作的具有创意性、可行性的行动计划的应用文书，也叫"活动策划书""策划方案""策划文案"。策划就是筹划、谋划，要求讲究创意。

社会活动类策划书主要有比赛活动策划书、庆典活动策划书、公益活动策划书等；商务活动类策划书主要有营销策划书、广告策划书、新产品发布策划书等。高等学校各种社团活动也常常用到策划书。

策划书与计划既有联系又有区别。广义上说，策划书也是计划，这是它们的共同点；不同的是，计划主要是写给自己看的，而策划书是为别人写的，所谓"出谋划策"，当然是为别人出谋划策，因此，策划书要得到活动主办方的认可才可以执行。

二、策划书的结构和写法

策划书的结构一般包括标题、前言、正文、落款四个部分。

（一）标题

常见的写法是"活动单位＋活动名称＋文种"的形式，如"××职业技术学院庆祝建党100周年演讲比赛策划书"；也可以省略活动单位，写成"活动名称＋文种"的形式，如"迎新晚会策划书"；还可以写成"正标题＋副标题"的形式，如"感恩与回报——××学院'母亲节'演讲比赛策划书"。需要注意的是，标题不能只写"策划书"三个字。

（二）前言

简要介绍该项活动的背景情况，说明该项活动的意义，引出后面的具体策划内容。

（三）正文

正文是策划书的主体，一般包括以下内容。

1. 调查分析

在前期详细调查的基础上，对该项活动的必要性和可行性作出具体分析，明确策划活动的重点和方向。

2. 明确目标

即设定该项活动计划达到的效果。目标是策划的动力，比较重大的活动可能需要分别设定总目标和分目标，目标的设定要符合客观实际，以及主办方的要求。

3. 主题说明

主题是对整个活动意义及特点的高度概括，是整个策划的灵魂。所有策划活动都必须符合主题、体现主题。主题的表现是多样的，可以是一句口号，如北京 2008 年第 29 届夏季奥运会的主题"同一个世界，同一个梦想"，也可以是一组词语，如奥林匹克运动的主题（精神）"更快、更高、更强"。

4. 宣传媒介

不论哪项活动都需要公众的支持和参与才能取得成功，因此根据活动的目的选择适当的宣传媒介以激发公众参与是很重要的。如，新产品推广可以在报刊、电视上做广告；校园文化活动可以张贴海报、启事；班级活动在班级发通知就行了。

5. 活动计划

活动计划是策划书最主要的内容，一般按照时间顺序列出活动具体步骤、措施，明确活动地点、负责人等。

6. 经费预算

根据活动主题要求，列出活动预计的各项费用支出和总支出。

7. 效果评估

通过预估活动可能达到的效果，能够争取活动主办方的肯定和支持，可以调动参与者的积极性，实现策划活动的圆满成功。

（四）落款

在正文右下方空两行署上策划者单位名称或个人姓名，在单位名称或个人姓名下面写上日期，一般用汉字，不要用阿拉伯数字。

三、策划书的写作要求

1. 主题集中

一份策划书的主题只能有一个，策划的具体活动都必须围绕这个主题。

2. 具有可操作性

活动安排要周密具体，便于执行。

3. 开支合理

经费预算要合理，要留有余地。

4. 保证效果

效果评估要依据目标，实事求是。

例文

2021级计算机应用（2）班元旦联欢会策划书

　　新年将至，为了增进同学之间的友谊、丰富校园生活，班委会决定举办元旦联欢会，我做了如下策划，希望能被采纳。

　　一、调查研究

　　举办元旦联欢会是我们计算机工程系的传统，现在有兄弟班级已经开始准备了（必要性），我在同学中做了调查，他们都赞同举办元旦联欢会（可行性）。我相信这次活动一定能够圆满成功。

　　二、明确目标

　　我们一定要把这次联欢会办得精彩，给我们的大学生活留下难忘的回忆。

　　三、主题说明

　　隆重、喜庆、团结、感恩。

　　四、宣传媒介

　　提前一周在班级群里发通知。每个人都要准备节目。（体现团结，一个人都不能少）

　　五、活动计划

　　1. 提前一周确定主持人。男女各一名，可毛遂自荐，然后由全体同学无记名投票产生。若无人报名，则主持人由班主任老师指定。主持人负责征集、编排节目。

2. 提前五天邀请系领导、各位任课老师。系领导由班长邀请，任课老师由学习委员邀请。（体现感恩）

3. 提前一天采购物品，租借音响设备，布置会场，并在联欢会结束后清理现场。由劳动卫生委员负责。

4. 当天上午购买水果、瓜子等食品，并负责分发。由生活委员负责。

5. 联欢会期间谢绝未受到邀请的人士出席。由体育委员负责。

六、经费预算

计划总费用1050元。其中：音响租赁200元；气球、彩带、拉花共100元；嘉宾礼物200元；水果巧克力等食品500元；其他50元。

七、预期效果

如果按照这个策划执行，我们这次元旦联欢会一定能够取得圆满成功。

策划人：梅××

二〇二二年十二月二十日

第五节
公示、启事和声明

一、公示

（一）公示的概念

公示是党政机关、社会团体、企事业单位等在一定范围内事先通知群众，用以征询意见、改善工作的一种应用文文体，它是新近出现的一种应用文体裁。根据相关规定，有关单位在涉及人员职务晋升、职称晋级、党员培养等人民群众关心的事务时必须进行公示。公示内容涉及的决定都是初步决定，在公示期内没有收到反馈的意见，相关部门才可以将其作为最终决定。公示一般通过报纸、电视、电台发布，也可以通过张贴等形式发布。

（二）公示的作用

公示的作用有两点，一是保障公众的知情权，充分发扬民主；二是保证公务活动的公平公正，避免事后产生矛盾纠纷。

（三）公示的格式写法

公示的格式一般包括标题、正文和落款三个部分。

1. 标题

公示的标题有两种：一是"事项＋文种"的形式，如"关于×××的公示"；二是直接用文种的形式，如"公示"。

2. 正文

公示的正文包括公示原因、公示事项、公示的起止日期、意见反馈单位地址及联系方式等四个部分。

3. 落款

发布公示的单位名称（加盖公章）及发布时间。

例文

2021—2022 学年度贫困生认定情况说明及公示

根据国家助学金评选的相关程序要求，2022 年 9 月 10 日晚自习期间，本班按照要求组成的民主评议小组，对本年度 11 位申请国家助学金的同学的家庭情况对照相关规定进行贫困划档和排序，现把相关情况说明如下：

一、评议程序

首先，班主任根据《安徽××职业技术学院家庭经济困难学生认定工作实施细则》依次匿名介绍各申请同学的家庭经济情况。

其次，班主任依次介绍特殊困难、困难和一般困难三个档次的认定标准。

再次，班主任和民主评议小组成员根据各申请人的家庭经济情况对照相关标准，依次对各申请人的困难情况进行划档和排序。

最后，公布最终划档和排序结果，各评议小组成员对结果提出异议并调整。

二、评议结果

根据民主评议小组对 11 名困难学生的共同评议，将本年度本班申请国家助学金同学的家庭经济状况划档排序如下：

序号	姓名	贫困等级
1	王×	特殊困难
2	程×	特殊困难

续表

序号	姓名	贫困等级
3	郭××	困难
4	臧×	困难
5	李×	困难
6	吴××	困难
7	徐××	困难
8	聂××	困难
9	毛×	困难
10	张××	困难
11	陶×	一般困难

对以上民主评议结果如果有异议的，请于下周一（9月21日）下午6：00前当面向民主评议小组组长提出。（公示期结束后，会依据贫困先后排序录入国家贫困生库）

民主评议小组组长：何××

成员：李××、李×、韩×、康××、陈××、甘××、操×、苏×、安××、曹××

×××班民主评议小组

2022年9月13日

简析：

这篇公示条理清晰，特别是对评议程序的说明突出了公平公正的原则。其明显的不足是没有说明公示期，只讲到异议反馈的时间，没有地点和联系方式。根据相关规定，这个公示的作者是民主评议小组，组长即班主任，这个公示要在班级张贴，全班同学有意见可以向班主任老师反映。

二、启事

（一）启事的概念和作用

1. 启事的概念

启事是机关、团体、企事业单位或个人有事需要向公众公开陈述、说明，或者希望公众予以协助办理，或者诉请公众给予帮助、能够积极参与时使用的一种应用文体。"启"

就是"说"的意思，一般用在比较庄重的场合，如古代臣子有事需要对皇帝说，就是"启奏圣上，微臣有一事相奏"。所以，"启事"就是公开地对大家说一件事。

启事一般都张贴在公共场所，重要启事可刊登在报纸、杂志上，也可通过电台或电视台播映。

注意"启事"与"启示"的区别，不要把"启事"写成"启示"。"启示"是说某件事给人的启发和思考，如，这件事启示我们做事要考虑周全。再如，这件事给我们这样的启示：做事要考虑周全。"启事"只能作名词用，"启示"主要作动词用，也可以作名词用。

2. 启事的作用

（1）知照作用。即向公众告知事项、通报信息、相互联系，以便处理和解决生活、工作中的某些事情。

（2）桥梁作用。即可以在集体与集体之间、个人与个人之间或集体与个人之间起到一个桥梁作用，使之就某一事项相互支持、协助或帮助。

（二）启事的分类和特点

1. 启事的分类

启事的使用范围广泛，种类很多，可概括地分为以下三类。
（1）征召类。包括招聘、招生、招领、招标、招商、征婚、征文、征物等启事。
（2）告知类。包括开业、迁址、遗失、更名、停业、评奖、比赛等启事。
（3）寻找类。包括寻人、寻物等启事。

2. 启事的特点

（1）目的性。无论写作哪一种启事，都要有很明确的目的，或传递信息，或寻求帮助，或招人参与等。

（2）广泛性。机关、团体、企事业单位可以使用启事，个人也可以使用；日常生活、工作中的小事可以使用启事，政治、经济和文化活动中的大事也可以使用。

（3）陈述性。启事的"启"是陈述、告知的意思，所谓"启事"就是公开陈述、告知事项。因此，启事的语言是叙述式、说明式的，要求通俗简明、准确清楚。

（三）启事的格式与写法

启事包括标题、正文和落款三个部分。

1. 标题

启事的标题有四种写法，可根据需要选用。

(1) 机关名称（或个人姓名）、事由和文种构成式。如"××银行××储蓄所迁址启事""××公司招聘启事"。

(2) 事由加文种式。如"征婚启事""寻物启事""寻人启事"。

(3) 文种式。即直接以"启事"两字作标题。

(4) 事由式。如"招领""寻物"。

2. 正文

由于启事种类繁多，正文的写法也不尽一致。一般说来，启事正文包括以下几点。

(1) 概括说明启事的目的和原因。

(2) 具体告知启事事项。

(3) 明确提出希望和要求。

例如，征文启事要写清楚征文的目的和意义、征文的内容要求、征文的体裁形式、注意事项（如征文的时间等）、征文评奖办法等，希望相关人员积极参与，踊跃投稿。

3. 落款

写明启事单位名称或个人姓名、启事日期、联系地址及电话号码等。

（四）启事的写作要求

1. 内容要真实

启事中的内容必须完全真实，不得弄虚作假。要把事项准确清楚地告知公众，特别是那些对公众有所希望或请求协助的启事，更应该把事物情况说得明明白白，不能含糊不清或产生歧义。

2. 事项要单一

启事要做到一事一启，不要把几件事情放在一个启事中去写，否则不但使启事内容复杂，而且会有碍事情的处理与解决。

3. 语言要简明

启事的语言要简明、通俗；语气要平和、真诚；措辞要注意分寸，体现礼貌和尊敬。

例文

迁 址 启 事

××银行××储蓄所应工作需要已于今日迁址至×××路××号，由此给广大储户带来的不便深表歉意。

××银行××储蓄所
××××年××月××日

简析：
这则启事内容简明扼要，告诉储户新的地址即可。

三、声明

（一）声明的概念和作用

1. 声明的概念

声明是国家、政党、各级机关和团体、企事业单位或个人，为了维护自身的权益或声誉就一些重大或紧要的事情向公众作郑重说明，并表明立场、观点、态度或主张的一种应用文体。

2. 声明的作用

（1）澄清事实真相。

需要发表声明的事项，包括重大、紧急的事件，以及被混淆视听的事件和被他人恶意捏造、假冒的事件，因此，通过声明揭示事件的来由原委、事件经过，可使真相大白于天下，以维护自己的声誉和权益。

（2）表明立场观点。

在确认事实真相、明辨是非曲直的基础上进一步表明自己的立场、观点和态度，如：谴责不义行为，警告不义者；支持、声援正义行为；因自己的过失向他人表示道歉等。

（二）声明的分类和特点

1. 声明的分类

日常生活和工作中常使用的声明大致可分为以下两种。

（1）警告性声明。是当单位、团体或个人的合法权益受到损害或侵犯时，为了保障自身权益、警告对方停止侵害，并引起公众关注而发表的声明。

（2）遗失声明。是当单位或个人遗失了支票、证件或其他重要东西时，为了防止被别人乘机非法利用，给自身或社会带来损害，提醒有关部门注意而发表的声明等。

2. 声明的特点

（1）周知性。声明就是公开说明的意思，即可以张贴于公共场所，也可以在报刊上发表，还可以利用电台、电视台公开播映，尽可能使相关范围的公众都知道声明事项。

（2）严正性。声明要澄清事实真相、明辨是非曲直，要写得有理有据、合情合法、义正词严，要庄重严肃地表明自己的立场。

（3）鲜明性。声明要旗帜鲜明、理直气壮，也要写得明明白白、清清楚楚，切不可含糊其词、模棱两可。

（三）声明的格式和写法

声明一般由标题、正文和落款三部分组成。

1．标题

（1）发表声明的单位名称、事由和文种式，如"××公司关于××的郑重声明"。

（2）单位名称加文种式，如"中华人民共和国外交部声明"。

（3）授权委托式，如"绍兴咸亨酿酒总公司法人代表××授权×××律师严正声明"。

（4）文种式，即直接写"声明"，内容重大者写"郑重声明"或"严正声明"。

2．正文

声明的正文一般由发表原因、事实经过、是非辨正和表明态度四个方面内容构成。

声明发表的原因往往与事项的背景有关，应扼要概述。事实经过与是非辨正是正文的关键部分，为表明态度提供坚实的基础。事实要清楚确凿，过程应择要概述；是非要界限分明；辨正应直接揭示是非的实质，并使事实情况与明理辨正严密结合。表明立场要直截了当、鲜明果断。

3．落款

在正文右下方写清楚声明的单位、机构名称或个人姓名，再写上声明的具体日期。

（四）声明的写作要求

1．要有据可查

声明中提到的事实要清楚确凿，有据可查。

2．要有法可依

声明的内容事项要符合相关法律规定，是非正误要有明确的界限。

3．要有理可辨

声明的观点要鲜明，表达要合乎逻辑；要直陈其词，理直气壮。

例文

××××附属小学严正声明

最近，××房地产开发公司在其销售广告中宣称，其公司已与我校合作，其开发的××楼盘为我校教育配套的学区房。现我校提出如下严正声明：

一、我校从未与任何房地产企业有过合作，因听信虚假宣传而造成的一切损失本校概不负责。

二、本校保留追究相关房地产企业法律责任的权利。

××××附属小学（公章）
二〇二二年三月二十八日

简析：

这是一则为维护自身权益和声誉而发表的声明，内容清楚、态度鲜明，实现了写作的目的。

训练设计

一、知识训练

（一）填空题

1. "计划"是个统称，"安排"" _____ ""设想"" _____ ""意见""方案"" _____ "等，都属于计划的范畴。

2. 课程表是 _____ 计划。

3. 计划的标题由制订计划的单位、 _____ 、计划内容和 _____ 四个要素构成。

4. 公示内容涉及的决定都是 _____ 决定，在公示期内没有收到反馈的意见相关部门才可以将其作为最终决定。

5. 公示的正文包括公示原因、 _____ 、公示的起止日期、 _____ 及联系方式等四个部分。

6. 启事的语言是叙述式、 _____ 的，要求 _____ 、准确清楚。

7. 声明有 _____ 和 _____ 两种，它的特点有 _____ 性、 _____ 性和 _____ 性。

（二）判断题

1. 简单地说，计划就是要做什么、怎么做。　　　　　　　　　　　　（　　）

2. 规划是一种带有全局性、长远性和方向性的计划。　　　　　　　　（　　）

3. 人们常说"计划赶不上变化",所以写计划没有用处。（ ）
4. 总结可以用文章式标题,计划不可以用文章式标题。（ ）
5. 计划和总结主要是写给自己看的。（ ）
6. 活动策划书是写给别人看的。（ ）
7. 公示、启事和声明都可以用来张贴。（ ）

二、能力训练

1. 假定现在是你在校的最后一个学期,请拟写一份你本学期的就业计划。
2. 假定本学期即将结束,请写一份你本学期的学习总结。
3. 假定你是班长,请写一份你本学期的述职报告。
4. 假定系学生会决定举办纪念"五四运动"演讲比赛,请你给他们写一份活动策划书。
5. 根据以下材料,拟写一份公示。

计算机系党总支准备发展王××等三位同学为预备党员,按照党中央发展党员要进行公示的要求,决定公示5个工作日,大家有异议可以向计算机系党总支反映,联系电话:××××××××。三位同学的信息如下。

姓名	性别	出生年月	系别班级	职务	入党时间
王××	男	2002.6	计算机系22级××××1班	班长	2022.9.1
李××	女	2002.7	计算机系22级××××2班	团支书	2022.10.1
张××	女	2002.8	计算机系22级××××1班	学习委员	2022.11.1

6. 假如你的钥匙丢了,请写一份寻物启事。
7. 假如你的学生证丢了,要重新补办必须登报声明作废,请写一份声明。

第四章　宣传应用文

章节说明

宣传类应用文是通过报纸、广播、电视、网络等媒介，及时报道传播社会生活中新近发生的有意义的事情，用以传播信息、宣传教育发动群众的应用文。本章选取新闻、通讯两个文种进行讲述。

教学建议

建议教学时安排四课时，每节两课时。

第一节　新　闻

一、新闻的概念和特点

新闻，是对新近发生的、有社会意义的事实的及时报道。它有广义新闻和狭义新闻之分。广义新闻泛指新闻报道的各类体裁，如消息、通讯、特写、速写等。狭义新闻专指消息，用来及时、准确地报道国内外最新发生的或出现的有意义的事件或现象。消息是传播新闻的主要形式，使用频率最高。我们这节所讲的新闻主要是指消息。

新闻的特点主要有以下五点。

1. 内容真实

真实是新闻写作的基本原则。真实，要求新闻反映的事实，包括人物、时间、地点、事件细节、数字等，准确无误，没有虚构，没有夸张。一旦虚假，新闻就失去了价值。

2. 事件新鲜

新闻要求的"新鲜"包含三层意思：一是从时间上说，是"新近"发生的事；二是从内容上说，必须给人以新信息、新启发，是有所发现和创新的事；三是从常规上说，新闻常报道的内容是具有异常特点或违背常规的事，如"南方降雪""北方高温"等，但是要防止猎奇，不要陷入"狗咬人不是新闻，人咬狗是新闻"的错误说法中。

3. 反映快捷

指内容报道的及时性。如果说"真实"是新闻的灵魂，那么，"快捷"则是新闻的生命。新闻就像"容易变质的食物"，要快采访、快写作、快发表。迟了就是"旧闻"了。1981年美国总统里根遇刺，美国广播公司在事件发生7分钟后就播出了这条新闻。新闻如果过了一定的时间，人们都已经知道了，就失去了它存在的价值。

4. 短小精悍

指篇幅短小精悍。新闻多则几百字、几千字，少则几十字，甚至浓缩为一句话。单条新闻越短，那么报纸有限的版面里就可以容纳更多的新闻，在电视有限的时间里就可以报道更多新闻，这样读者或观众就可以在最短的时间里找到自己最想看的新闻了。

5. 寓理于事

用事实说话，不要议论。但新闻一般是有倾向性的，这个倾向性主要通过报道内容和用语的选择体现出来。

二、新闻的种类

新闻的种类可以从不同的角度去划分。从报道的内容上划分，有政治新闻、经济新闻、社会新闻、军事新闻、体育新闻、文教新闻等；从反映的对象上划分，有人物新闻、事件新闻；从篇幅长短上划分，有长新闻、短新闻、标题新闻、一句话新闻等。现在我国新闻界较为通行的是四分法。

1. 动态新闻

动态新闻是最常见的新闻体裁，它要求迅速、准确地报道现实生活中的新事物和新动态。国际新闻、重要会议、领导人活动、创造发明、文体活动等，大都用动态新闻来反映。动态新闻，多从事物的变动着眼，一般以一人一事为内容，篇幅短小，简洁明了，时效性较强。

2. 综合新闻

综合新闻是把发生在不同地区或单位的具有同类性质又各有特点的事件综合起来报道的新闻。它的报道面比较宽，既有对事物表面的形势、规模、发展趋向的报道，又有对典型事例的说明和分析，其目的是从不同的侧面去阐明一个共同的主题思想。综合新闻不如动态新闻的时间性强，它所反映的事件不发生在一时一地，它所注重的是事实的典型和新鲜。

3. 经验新闻

经验新闻也称典型报道，它是通过反映某一方面的典型经验，来指导工作的新闻。它侧重于交代情况、介绍做法、反映变化与效果，并由事实引出经验来，一般提供背景资料较多，信息比较完整，篇幅也长一些。它的目的是提供解决生活和工作中普遍存在的问题的办法和经验。

4. 述评新闻

述评新闻包括时事述评、思想述评、工作述评等，是记者结合具有新闻意义的事件、工作和思想动态进行评议的新闻报道。它一般以事实报道为基础，边述边评、评述结合，具有指示性和方向性。

三、新闻的结构写法

新闻的结构，一般由标题、导语、主体、背景和结尾五个部分组成。新闻的内容，通常有时间、地点、人物、起因、经过和结果六个要素。

（一）标题

标题是新闻的眼睛，一则好的新闻，首先要有一个好的标题。精心制作的标题犹如"画龙点睛"，它既要概括新闻的主要内容，又要醒目、新颖、有趣味。这样才能引起读者的注意，增强阅读的兴趣。

新闻的标题有以下三种形式。

（1）多行标题。主要是三行标题，由引题、正题或正题、副题组成。引题也称眉题，它的作用是介绍背景、烘托气氛、引出正题。正题也称主题，它的作用是概括新闻的主要内容或点明新闻的中心思想。副题也称子题，它的作用是介绍与正题有关的情况，补充正题，如点明意义、指出结果等。多行标题具有容量大的特点，一般用在比较重要的新闻中。

（2）双行标题。由引题、正题或正题、副题组成。正题一般都有实质的内容，因此也称实题;副题和引题一般是对气氛的烘托、意义的阐述,因此又称虚题。双行标题一般是虚实结合、彼此呼应、互为补充的。

(3) 单行标题。单行标题指只有正题的标题。这种标题要求突出主题,简明、醒目,通常适用于篇幅较短的消息,尤其在简讯中使用最多。

具体使用哪一种形式的标题,需根据消息和报道的要求做决定,要力求突出消息主旨,写得新颖生动,富有吸引力。

新闻标题写作的要求有以下三点。

(1) 准确。即标题要恰如其分、恰到好处地概括出新闻的内容、精神和实质。

(2) 生动。即在准确的基础上,尽量突出内容和表达方式上的生动活泼,以吸引读者。

(3) 新颖。"新"是新闻的一个基本要求,不新不足以成为新闻。标题要善于突出新事物、新方向,抓住最具有新闻价值的点。

(二) 导语

导语,是新闻开头的第一句话或第一个自然段。通常用简明的文字概括介绍新闻的主要内容,揭示新闻的主题,使读者对新闻内容有一个总的印象。

导语的作用非常重要。新闻是否能引起读者的阅读兴趣,在很大程度上取决于导语写作的成功与否,所以写新闻要把最重要、最新鲜的事实放在导语中。"倒金字塔"结构,是新闻的基本格式。所谓"倒金字塔",就是以重要性递减的顺序来安排新闻中的各项事实,即把最重要的事实放在最前边,次重要的事实放在第二位,依次类推。导语,就是这个"倒金字塔"最上面的一层事实。

拟写导语,应注意的几点要求。

(1) 不能与标题重复。导语与标题的作用有些接近,但标题是概括全文的精神实质,而导语是标题的扩展,要用事实说话。

(2) 为后文留下余地。导语固然是全文的精华,但也不能把话说尽;导语可以包含背景材料,但尽可能简略,留待下文去交代。好的导语能使新闻主体部分很自然地展开,为后面的行文提供方便。

(3) 各要素的组合原则。新闻中的 5 个要素——何时、何地、何人、何事、何因或为什么,简称 5 个"W"。后面再加一个"H"即怎么、如何,可理解为结果的意思。5 个"W"及 1 个"H",每项都有可能进入导语,关键是看哪一项更具有新闻价值。如果新闻人物为社会所熟悉,在该新闻中特别重要,则应以"人"为先导。依次类推。

(4) 要重事实,忌空泛。新闻要言之有物,导语更应有具体的事实。初学写作者,尤其要注意避免用空洞的语言、抽象的概念和流行的口号写作新闻的导语,要用新鲜的事实来说话。

(5) 语言要简洁。新闻导语要逐字逐句推敲,做到字字珠玑,一字不可移易。

（三）主体

导语之后，就是主体。它是新闻的主干部分，是用充分的、具体的事实材料，对新闻的内容做具体全面的阐述，以体现全文的主题。

新闻的导语已经点明了新闻的主题，主体部分对新闻主题的表述、发挥，实质上就是对导语内容的展开与补充，以使导语提到的各个事实更加清晰，以便5个"W"和1个"H"更加明确。主体的写作要求：结构严谨、层次分明；内容充实、紧扣主题；注意取舍、详略得当；简洁明确、生动活泼。

新闻主体的结构一般有以下三种。

1. 时序结构

时序结构就是按照事件发生、发展的先后顺序安排层次。这种结构可以使读者对事件的发生、发展的全过程有一个鲜明、完整的印象。如《人民日报》1998年6月3日第四版《档案馆里话沧桑》的消息主体，在叙述"三次查阅高峰"时，就是按时间顺序的。"最初一次是'文化大革命'……每在档案馆里查到一个人名，就可能给这个人带来一场灾难。""第二次是1977年至1979年全国平反冤假错案。""第三次是1986年至1988年，为了把十年浩劫中被颠倒的历史再颠倒过来，全国各地重新编史修志，档案馆再一次成为热点。"

2. 逻辑结构

逻辑结构就是根据事物之间的内在联系或逻辑关系，如因果关系、并列关系、主次关系等来组织安排层次。《人民日报》1998年6月1日头版新闻《北京五十万人实现再就业》的主体，就是并列列举了"自上而下的再就业工作领导体系已经形成""适应转轨时期的特点，符合首都实际的再就业政策保障体系逐步健全"等3大体系和1个"服务中心"的事实，使"五十万人再就业"的消息按逻辑结构安排层次。

3. 时序与逻辑二者兼有的结构

时序与逻辑二者兼有的结构就是综合运用两种结构的方式，这主要用于内容比较复杂的消息的写作。

（四）背景

背景就是新闻事件产生的历史环境、客观条件，以及与周围事物的关系。除简讯以外，一般的新闻都要交代背景。背景的作用是使读者能更好、更准确地理解新闻内容，使新闻更充实饱满、生动活泼，主题更加深化。

背景不是单独的组成部分，也无固定位置，所以不能把背景看成是新闻结构的一个独立层次。背景材料可以一次性交代，也可以分散穿插在导语、主体和结尾中，最常见的是出现在导语和主体中。背景材料是新闻的从属部分，因此不宜过多，否则就会喧宾夺主。

（五）结尾

结尾又称结语，是新闻的最后一句话或一段话。

结尾的作用是收束全文，深化主题；说明结果，指明意义；指出发展趋势、展示未来。也有的言之已尽，没有结尾。

例文

206文化创意产业园开园

本报讯　4月28日上午，206文化创意产业园开园仪式在安徽工贸学院举行。市委常委、市委宣传部部长陈儒江，副市长吴静共同为产业园揭牌。

据悉，206文化创意产业园以安徽工贸学院为依托，是我市重点打造的八大文化园区项目之一，是全市乃至全省唯一的以广告创意为主、产学研深度融合的文化创意园区。园区的建成，对推进文化创意产业发展、提升文化产业竞争力、加快文化强市建设都有重要意义。"206"，取意于老206国道，是淮南人心中的文化符号。目前，已有19家文化企业入驻园区，其中包括淮南日报社、淮南广播电视台及其改革后成立的子公司，2家安徽省民营文化100强企业。综合承揽、策划创意、集中展示是园区的主要功能，可根据客户需求，提供"大餐式""套餐式"服务。

文化产业是经济结构调整的重要着力点。2012年，市委、市政府以一号文件下发了《关于推动文化大发展大繁荣建设历史文化名城的决定》，明确提出加快发展文化产业；2013年，市委、市政府又下发了《淮南市文化产业发展规划（2012—2020）》，为文化产业注入了新动力。2013年，我市文化产业增加值达到17.2亿元，连续5年保持20%以上的增幅。

（摘自《淮南日报》2014年4月29日第二版。）

简析：

这是一则比较典型的动态新闻。标题为单行标题形式，简洁、醒目。导语部分交代了时间、地点、人物、事件，突出了新闻的关键信息。第二段主体部分介绍了206文化创意产业园建成的意义、名称的由来、园区的情况及主要功能。第三段是背景介绍，说明206文化创意产业园是在市委、市政府大力倡导文化产业的背景下诞生的。

第二节
通　讯

一、通讯的概念和特点

通讯是以叙述、描写为主要表达方式，迅速、具体、生动、形象地反映现实生活中有影响的人物、事件、工作经验和地方风貌，给读者以教育和启发的新闻体裁。通讯的容量比新闻大，但又小于报告文学；它不像新闻那样简明、扼要，也不像报告文学那样丰富、全面。通讯的语言、文体特点和时效的要求都介于新闻与报告文学之间。

通讯和新闻既有相同点，又有不同处。其共同点是：① 真实准确地报道国内外新近发生的有意义的事实；② 迅速及时地反映现实生活中的新人、新事、新风貌。

通讯和新闻的不同点是：① 报道的要求不同。新闻要求简明、扼要、一事一文，没有情节描写；而通讯则是详细、具体、完整地报道事件的全过程。② 表达方法不同。新闻多用叙述，少用描写和抒情，除述评新闻外，作者很少表明本人观点、态度。而通讯不仅要叙清基本事实，而且要求形象生动，富有感染力，这就需要进行必要的描写、抒情，甚至还可进行画龙点睛的议论；不仅要写清基本事件，而且要展开情节，甚至突出某些细节。③ 结构形式不同。新闻有特定的结构形式，有导语、主体、结尾、背景等结构因素。而通讯的结构则不拘一格，作者可以根据表现主题的需要巧妙安排，自如挥洒。

二、通讯的种类

通讯一般可分为以下七类。

1. 人物通讯

人物通讯是报道新闻人物的先进事迹和成长过程，揭示他们的精神境界和道德情操的通讯报道。这类通讯有的写先进个人，有的写先进集体。人物通讯可以写人物的一生，也可以写人物的生活片段。如《县委书记的好榜样——焦裕禄》。

2. 事件通讯

事件通讯是反映有典型意义的新闻事件的通讯报道。这类通讯往往是在新闻发布之后，迅速抓住时机，又对新闻报道的事件进行较为详尽的介绍，对事件的发生、发展过程及给现实生活与工作带来的影响进行生动、清晰、富有立体感的报道。如《为了六十一个阶级弟兄》这篇事件通讯，写了找药、送药的全过程。通讯也可以突出描写事件的某一个片段或侧面。

3. 工作通讯

工作通讯是着重报道实际工作中的经验教训或某项工作成就的通讯报道。它通过介绍具有典型意义的工作经验，概括出具有规律性的东西，用以指导和推动实际工作。报纸上常见的工作通讯有"记者来信""问题调查"等。

4. 概貌通讯

概貌通讯是报道某地的发展变化、自然风貌、风土人情、生活状况的通讯报道。一般是反映一个地区、部门或单位的全貌，也可以从片段入手，以窥全貌。报纸上常见的有"巡礼""散记""见闻录""侧记"等形式。

5. 主题通讯

主题通讯是按照某一主题的需要，突破地区、行业、部门的界限，将一些性质相同的材料组合在一起，为表达一个主题服务。

6. 专访

专访是对社会上的新闻人物进行专题采访，以问答的形式为主，其间或穿插一些现场情景的摹写或背景材料，也是通讯的一种。

7. 新闻小故事

新闻小故事是一种篇幅短小、内容单一的以一人一事为主的通讯报道。特点是以小见大。写作上故事性较强，要求有完整的情节，富有生活气息，又有较好的寓意。

三、通讯的写法

通讯属于记叙文范畴，它的写作方法与记叙文写作思路相同。

1. 要精心提炼主题

（1）主题要有时代特征。一个典型人物或典型事件所显示的意义往往是多方面的，从什么角度立意，提炼一个什么样的主题，这要看时代要求，如《为了周总理的嘱托》这篇优秀的人物通讯，是反映吴吉昌运用辩证法植棉事迹的通讯。作者完全可以以歌颂新生事物为主题，也会引起读者的阅读兴趣，但这个主题却没有体现时代的特征。当时举国上下正在纪念周总理，揭批林彪、"四人帮"的罪行。为了适应时代的要求，作者最后决定以吴吉昌为了人民的献身精神为主题。这一主题与前一主题比较，不仅深刻得多，而且富有时代特征。

（2）主题要从事实出发。提炼主题不仅要考虑时代要求，还必须从事实出发，以事实为基础。若单纯为了主题的需要，而离开客观事实，主观地去"拔高"，生硬地去"提炼"，这样的主题是没有生命力的。

2. 要认真选取材料

主题是灵魂，材料是血肉。没有了丰满的"血肉"，"灵魂"也就无所依托，可见材料对表现主题的重要作用。所以，写作通讯需认真选取材料。人们说，收集材料要"以十当一"，选取材料要"以一当十"。这是说收集材料要精。只有占有了丰富的材料，才有选取的余地；只有选取典型的材料，才能充分表现主题。如人物通讯《谁是最可爱的人》，就是从几十个事例中选取三个典型事例，有力地表现了"志愿军是我们最可爱的人"这一主题。

3. 要巧妙布局谋篇

写好通讯，除了确定深刻的主题、选取丰富的典型材料之外，还须注意巧妙地布局谋篇。布局谋篇最基本的要求是安排好材料的顺序。如《为了六十一个阶段弟兄》这篇事件通讯，以时间为经、以空间为纬安排材料，叙述了在同一时间发生在不同地点的事件，突出了抢救工作的紧迫性。既注意到时间上纵的连贯，又照顾到空间上横的排列，有条不紊。从平陆打电话到药品从天而降，仅用了7个小时，充分反映了"一方有难，八方支援"的社会温情。

4. 要恰当运用各种表现手法

通讯的主要表现手法是叙述和描写。叙述主要用于对人物、事件的交代和说明，描写主要用于对人物、事件做具体、生动、形象的描绘，使读者仿佛身临其境。在描述过程中，为了表现人物和突出主题，还常常使用抒情和议论。抒情用于作者表达思想感情，议论用于作者对事物本质进行分析和评论。

以上四种方法综合运用，巧妙结合，可以使通讯叙事生动、描绘形象、抒情感人、议论透彻。

四、通讯的写作要求

1. 通讯要有针对性

通讯要选择"政治上重要的、为大众所注意的、涉及最迫切问题的主题"，而材料又要针对主题的需要来选择。这样才能使通讯真正起到宣传、指导、教育的作用。

2. 通讯要有真实性

尽管通讯的表现方法比较灵活、多样，甚至可以用到文学、艺术的一些手段，但是它同文学是存在着本质区别的。文学可以虚构,通讯则一定要真实。用事实说话,是通讯写作的原则。通讯的感人力量也正来源于它的真实性。

3. 通讯要有形象性

通讯使用记叙文式的表现手法,具有鲜明的形象性,因而比新闻更具有感染力。通讯要求叙事清晰、描写生动、议论抒情适当、语言生动活泼。它不仅要在思想上使读者受到教育、得到启示,还要力争在感情上使读者产生共鸣。

例文

江陈大厦:小家服从大家
——我市广场南路下穿桥工程建设拆迁聚焦记

2014年4月18日,细雨蒙蒙,田家庵区广场南路一侧,备受淮南市民关注的江陈大厦拆迁让路,到了收尾之际。不少行人或驻足观看交谈,或匆匆投以关注的一瞥:拆了之后,放眼这一片感觉就是不一样嘛!

时值拆迁尾声的最后几天,现场气氛继续紧凑而忙碌。两台大型捣机,轮番上前作业。只看见上前出击的那台40吨捣机,扬起20多米的加长臂,一连气撞击楼房五六层处。机声隆隆,灰尘飘扬,墙体坍塌的响声传递很远。

蓝蓝的铁片围栏,沿路立起长长的一溜。拆楼作业期间,交警部门在下穿桥路段两头拉起警戒线,施行双向全封闭,精心做好疏导工作。交通高峰期又恢复通行。安全大于天嘛!

广场南路下穿桥路段,人来车往,川流不息。但是其原有车道狭窄,交通高峰期经常造成人流车流堵塞,成为制约主城区交通的"瓶颈"。对其进行改造拓宽,是市区老百姓企盼已久的事情。根据二期工程规划,广场路下穿桥扩孔工程有序推进,将在原有桥台东西两侧各新建7.5米加6米的箱型立交桥。田家庵区早早行动,聚集力量推进沿路拆迁。

位于舜耕西路121号的江陈大厦,因其8层主楼入驻蓝宝酒店而颇有名气,成为百姓挂在嘴边的地标性建筑。据披露,蓝宝企业来自西子湖畔。2001年,这家高档酒店作为重点招商引资项目引入淮南,第二年开张大吉。有了下穿立交桥扩孔工程这桩更要紧的事儿,蓝宝予以支持,于今年1月7日将老蓝宝酒店关门停业,转入老龙眼水库生态区,再谋新的发展了。

1月24日,江陈大厦拆迁正式启动。北端4000平方米主楼顺利拆迁。紧赶紧,南端六层2000平方米居民住宅楼也依序推进拆迁。时间紧,舜耕镇江陈社区两委抢抓时机,抽调得力人员,讲清政策,做通了16户居民的思想工作。

"小家服从大家!"江陈社居委的委员徐基洋对记者说,"服从大局,这是最简单的道理!"据介绍,江陈社区在这里一年收到的租金100多万元,而社区自身的负担也较重，辖区300多名55岁以上的老人，正是依靠这笔租金，每年分几个档次，都能领取养老金。为此，社区还专门召开了居民代表大会。城市发展谁不支持啊？

告别了，江陈大厦！这一"拆"，果然拆出了一片开阔地。紧贴着路两边，削去了高耸的楼房后，顿时豁然开朗。那些美好的城市记忆，依旧点点滴滴铭记在我们心底。

一切的一切，都是为了广场路下穿阜淮线立交桥扩孔工程。仔细看看路边的蓝图，透着护栏都想了解工程的进度。"卡脖子"下穿桥加宽了，一孔变五孔，让人好期待啊！

（摘自《淮南日报》2014年4月22日第一版。）

简析：

这是一则事件通讯。第一、二、三段是对拆迁现场的描写；第四段说明拆迁的原因；第五段是背景介绍；第六段转入倒叙；第七段通过引用，突出"小家服从大家"的主题；第八、九两段描写拆迁后的新貌，表达对未来的期盼。全篇兼用多种表达方式，语言生动活泼，很好地体现了通讯的语言特点。

训练设计

一、知识训练

（一）填空题

1. 广义新闻泛指新闻报道的各类体裁，如消息、通讯、_____、_____等；狭义新闻专指_____。

2. 新闻的特点用五个字来概括就是：_____、_____、_____、_____、_____。

3. 按照现在我国新闻界较为通行的是四分法，新闻可分为_____新闻、_____新闻、_____新闻和_____新闻四类。

4. 通讯的_____、文体特点和_____的要求都介于新闻与报告文学之间。

5. 通讯一般可以分为_____、_____、_____、_____、_____、_____、_____等七类。

6. 通讯的写作要求有针对性、_____性和_____性。

（二）判断题

1. 新闻的六个"W"是指：时间、地点、人物、事件、开头、结尾。（   ）
2. 新闻的结构，一般由标题、导语、主体、背景和结尾五个部分组成。（   ）

3. 导语，是新闻开头的第一句话或第一段。（   ）

4. 主体的写作要求：结构严谨、层次分明；内容充实、紧扣主题；注意剪裁、详略得当；简洁明确、生动活泼。（   ）

5. 背景就是新闻事件产生的历史环境、客观条件，以及它与周围事物的关系。（   ）

6. 新闻不必都要有结尾。（   ）

二、能力训练

1. 根据以下材料，写一篇消息，准备在校报上发表。

4月15日下午，我校第九届大学生辩论赛决赛在4号阶梯教室举行，辩论的题目是"大学生谈恋爱会不会影响学习"，正反双方分别是经贸系代表队和计算机系代表队，结果经贸系代表队获胜。经贸系的四个辩手是王××、岳××、邱××、汪××。上一届的冠军也是经贸系。赛后经贸系举行了庆功大会，高书记和孙主任出席。

2. 采访本校的一位优秀教师、先进班主任或受表彰的三好学生，写一篇人物通讯。

第五章 学业应用文

章节说明

高等职业院校学生在校的学业包括文化专业课程的学习、专业实习和毕业论文（或毕业设计）三个部分，其中需要写作的应用文是实习报告和毕业论文。严格地说，求职信属于社交文书，但因为学生毕业即面临就业，在校期间就要求职，所以编者把求职信也放入本章进行讲解。

教学建议

建议教学时安排四课时，第一、二节两课时，第三节两课时。

第一节 实习报告

一、实习报告的概念

实习报告是高等职业院校学生在完成专业实习之后，向学校实习指导中心提交的书面报告。专业实习也叫教学实习，在实践中，特别是理工科的学生，实习时常常和实习单位的员工一样，在特定的工作岗位上，从事实际的工作，因此也叫顶岗实习。专业实习是高等职业院校教育教学的重要环节，是学生将在校学习的理论知识转化为实际工作能力的重要途径。专业实习和理论学习、毕业论文（或毕业设计）三者成为学生在校学习的三大内容，也是学校评定学生学业成绩的三个主要的方面。而实习报告就是学生对自己实习情况的全面总结,是学校评定学生实习成绩的主要依据。学生通过写作实习报告可以更加清晰地认识到自己所学专业的社会需求状况,自己的知识结构和工作能力有哪些优势和不足,为今后从事实际工作做好知识上、能力上和心理上的准备;学校通过检查实习报告可以了解到人才培养质量,为不断优化人才培养方案储备丰富的第一手资料。

二、实习报告的格式写法

和所有的报告一样,实习报告的格式包括标题、前言、正文、落款四部分。

1. 标题

实习报告的标题很明确,不分专业,统一写成"实习报告"。

2. 前言

前言部分概述实习的基本情况。包括实习的时间段、实习的单位、实习的内容、实习的指导老师和带队老师。这一部分语言要简洁,常以"为总结实习经验,做好今后的实际工作,特作如下报告"一句结尾。

3. 正文

正文是实习报告的主体部分,主要包括以下四个方面的内容。

(1) 实习内容介绍。这一部分要分阶段、较详细地介绍实习的情况。如从事了哪些工作?这些工作有什么特点?它是什么性质?它在整个工作流程中的地位是什么?有什么重要性?以上这些问题要结合自己在实习单位的实际工作情况来说,不能按照教科书的说法照本宣科。这些工作自己是怎么做的?完成得怎么样?有没有达到领导的要求?这些方面要谈自己的真实情况。这一部分的表达方式主要是叙述。

(2) 取得的成绩。这里主要谈自己的收获,成绩要讲足。不仅是在写实习报告时要肯定自己,我们为人处世,也要肯定自己。要善于发现自己的优点,每个人都有自己值得骄傲的地方,我很丑,可是我很温柔;我也许谈不上温柔,但是我很开朗;我不是很开朗,但是我很善良。学校主要通过这一部分评定学生实习成绩。学生在实习中了解了什么、懂得了什么、掌握了什么、运用学校学习的理论知识解决了哪些实际问题、学到了哪些书本上没有学到的知识,等等,要按主次顺序分条列项地写出来。这一部分的表达方式也是叙述。

(3) 经验体会。这是理论总结的部分,主要总结成绩取得的原因。这是从感性到理性的飞跃。要把成绩的取得和自己的具体做法结合起来进行分析。经验体会一般要写三条以上,也要按主次顺序分条列项地写出来。这一部分的表达方式是夹叙夹议。

(4) 存在的不足。这里主要谈自己在实习中遇到的尚待解决的问题。这一部分也很重要,因为它是我们在今后的实际工作可能遇到的困难,我们必须认识它、正视它,才能解决它。这一部分不要面面俱到，要抓重点，一般不要超过三条。主要是理论知识还有哪些不足，实习中遇到了哪些问题一时还没有找到很好的解决方法等。这一部分以叙述为主，可稍做议论。

4．落款

在报告正文结尾段的右下角空两行，写"报告人：××系××专业××年级××"，再在报告人的正下方写上年、月、日。有些学校可能制作了统一的实习报告封面，将所在院系、专业、班级在封面上填写过后，落款部分只须填写报告人姓名和日期即可。

三、实习报告写作的注意事项

（1）要注意实习报告和毕业论文（或毕业设计）的区别。毕业论文（或毕业设计）的特点在于创新性、理论性，而实习报告的特点在于事务性、实践性。实习报告的全部内容都必须从实习体验中来，也不能超出实习工作的范围。

（2）要注意实习报告和调查报告的区别。两者最明显的区别在于：写作的主体不同，调查报告调查的是别人，实习报告实习的主体是报告人自己。

（3）要重视实习日记的作用。为积累写作实习报告的素材，许多同学都有写作实习日记的好习惯，将每天的工作内容和感受及时记下来，等实习结束的时候再整体梳理一遍，这对写好实习报告非常有利。需要注意的是，对日记的素材要概括和归纳，不可拘泥于细枝末节，防止将整个实习报告写成某一天的工作日记或对某一件事的记述。

（4）实践中，许多高等职业院校已经不要求学生写作书面的实习报告了，而是要求学生填写实习鉴定表。

（5）实习与实训的区别。一是工作环境不同，实习一般是在校外实际工作环境中进行，实训一般是在校内的模拟工作环境中进行；二是指导老师不同，实习由实习单位的指导老师指导，实训由校内的任课老师指导。

第二节　毕　业　论　文

一、毕业论文的概念

毕业论文是高等院校学生毕业之际在教师的指导下，综合运用所掌握的基础理论、基础知识和专业技能解决本学科领域的某一具体问题，取得创造性的结果或者有了新见解，并以此为内容撰写而成的文章。毕业论文是高校学生毕业之前独立完成的作业，是对大学生在大学期间所学各门基础课和专业课的一次总测试。写作毕业论文是高等院校教学过程的重要环节之一，其目的在于培养和锻炼学生运用基础理论、基础知识和专业技能分析、解决问题，进行科学研究的能力。它体现了一个大学生的学识、思维能力，包括创造性、研究作风、科学方法乃至文字表达水平等方面的总体素质。如果说学习成绩说明学生学到了什么知识，知道了什么；实习成绩说明学生学到了什么技能，会做什么；那么毕业论文的成绩说明学生有哪些创新，即想到了什么。因此，各高校对毕业论文的写作都非常重视，毕业论文的成绩和文化专业课成绩、实习成绩是大学生学习成绩的三大组成部分。我国的国家学位条例规定，毕业论文不合格的学生，不能授予学士学位。高职学生是否需要写毕业论文，目前在教育界具有一些争议，有人认为高职学生不需要写，因为高职学生本来就没有学位，但实践中，各高等职业院校也要求学生写毕业论文。一般来说，文科专业需要写毕业论文，理科专业需要做毕业设计，为方便起见，本节将其统称为毕业论文。

二、毕业论文的特点和种类

（一）毕业论文的特点

1. 科学性

它主要有三个方面的内容：其一，论文的内容必须反映、符合客观现实，包括社会现实和自然现象。其二，论文所采用的论据必须真实可靠，不能有半点虚假。其三，论述必须具有严密的逻辑性。

2. 学术性

毕业论文也是学术论文，它应具有一定的学术价值，对人们认识自然现象、解决社会问题有一定的或较高的指导或借鉴意义。这是毕业论文和其他应用文体的重要区别之一。

3. 创新性

创新性是指毕业论文要求人们在知识不断积累的基础上，通过实践，对社会的各个不同领域进行更加深入的研究探索，要有创造性的发现。这主要体现在研究者所探索研究的课题必须是前人所没有研究过的，或前人虽有研究，但你的研究方法或观察角度与前人有较大的差异，而不是重复、模仿甚至抄袭前人的研究成果。

4. 练习性

撰写毕业论文是大学毕业生必须完成的作业。它的主要目的是考查和培养学生运用已学知识分析和解决问题的能力、实际操作能力、实验能力，以及学生查阅资料和撰写文章的能力，但在校学生毕竟缺乏实践经验，写作毕业论文需要导师多次指导。

（二）毕业论文的种类

毕业论文按照不同的标准，可以分为不同的种类。

1. 以毕业论文的内容为标准分类

以毕业论文的内容为标准，可分为理、工、农、医等内容的自然科学类毕业论文，以及政治、经济、历史、哲学、文字、管理等内容的社会科学类毕业论文。

2. 按研究方法和对象的不同分类

按研究方法和对象的不同，毕业论文又可以分为以下三种。

（1）理论型毕业论文。其科研成果是用理论分析的手段取得的，并以此为内容撰写的毕业论文。如数学、社会科学等。

（2）观测型毕业论文。其科研成果是以观察、考察的方式取得的，并以此为内容而撰写的毕业论文。如生物学、农学等。

（3）实验型毕业论文。其科研成果是从实验的内容或结果上取得的，并以此为内容撰写的毕业论文。如物理学、化学等。

三、毕业论文的写作步骤

一般来说，写好一篇毕业论文需要有以下几个步骤。

（一）选择题目，拟写提纲

论题，是指选择确定所要研究论证的学术问题。论题的选择是能否写好一篇毕业论文的关键。论题的选择要从以下几个方面去考虑。

一要结合自己的专业。毕竟自己在本专业有较高的知识积累和理论修养，写起来会比较得心应手。

二要结合自己的兴趣特长。许多好的毕业论文不是临毕业时才定题目的，学生可以结合自己的兴趣爱好早做打算，就选择论题和收集材料做一些准备。

三是论题宜小不宜大，宜浅不宜深。毕竟大学生学识水平和知识积累有限，不宜贪大求全，能够把一个小的问题阐述清楚就可以了。也就是要"小题大做"，不能"大题小做"，否则就大而不当，难以驾驭。

四是角度宜新不宜旧。所选论题，应该是前人不曾提出的，或者前人虽然提出但论证尚不深入的，或者前人提出但论证谬误的。

选好题目之后学校会根据老师的专业特长等情况给毕业生指定指导老师，同时毕业生就可以拟写提纲了。提纲体现毕业生整体的写作思路，是论文逻辑结构的外在体现。一般来说，论文的逻辑结构有如下几种。

1. 并列式

并列式一般用不同侧面、不同角度的几个分论点对主要论点进行论证,分论点之间是平等、并列的关系。

2. 递进式

递进式一般按照提出问题、分析问题、解决问题的思路层层递进地进行论证。这是文科毕业论文最常用的结构。

3. 综合式

综合式是指在并列式中采用递进式,或在递进式中采用并列式。一般在课题较大、内容复杂的论文中采用。

对提纲的反复斟酌和调整还可以避免成文以后再做大的调整的麻烦。提纲拟好后要及时交给指导老师审阅,这样,可以尽早得到指导老师的具体指导,保证论文写作的顺利进行,以免耽误时间、浪费精力。经导师修改同意后毕业生就可以按照提纲的思路写出初稿了。

(二)收集资料,写出初稿

实际上很多毕业生在选论题之前就已经掌握了一些有价值的写作材料。收集材料要注意以下几点。

一是要有的放矢,围绕论题。选择材料要克服盲目性,漫无目的地翻阅书刊会浪费时间,劳而无功,要选择专门性的刊物或著作。一般说来,论文资料的收集应从以下三类资料入手。

(1)核心资料,即研究对象本身的资料。

(2)背景资料,即对核心资料起参考、比较、深化作用的资料,包括已有的研究成果和相关的参考资料。

(3)具有方法论意义的理论资料。

二是要注意"精"和"新"。在广泛收集材料、增加信息量的基础上筛选出对论文有用的材料或新颖的有力的材料保留备用,或复印,或用笔记、卡片摘抄。

三是要注意对所收集的材料按性质等进行分类,建立一个材料系统。这样使用起来就不至于思绪凌乱。

在收集来的资料中,选择有说服力的材料,证明自己的观点,充实文章内容,这样初稿就完成了。

(三)反复修改,定稿成文

初稿完成后要交给导师修改,根据导师的修改意见再写出第二稿。经导师审阅的第二稿如果没有大的错误就可以誊写定稿了,如果导师仍不满意,还要继续修改,直至合格为止。有人说,好的毕业论文是"改"出来的,这话毫不夸张。初稿的修改主要从以下几个方面去考虑。

一是检查观点。侧重检查观点是否正确、是否鲜明、是否有新意、是否表达清楚。主要观点是否片面、是否偏激、是否和别人雷同。

二是验证材料。侧重检查材料是否确凿、是否充分、是否有力,能不能发挥论证的力量。

三是调整结构。侧重检查文章的条理是否清晰,段落划分是否合理,全文是否构成一个严密的整体。

四是斟酌语言。毕业论文的语言要求准确、精练、通顺,有利于观点的表达,行文格式和标点符号的书写也要符合要求。

四、毕业论文的结构与写法

写作毕业论文,要遵循一定的格式,一般包括以下几个部分。

(一)封面

许多学校为学生制作了统一的毕业论文封面,学生按封面的栏目填写就可以了。例如:

安徽××职业技术学院

毕业论文

我国自主品牌汽车市场营销策略研究

所在院系:_____
专业班级:_____
学生学号:_____
学生姓名:_____
指导教师:_____

××××年××月××日

要注意的是:院系和专业班级要写全称,如我们平时所说的"计算机系"的全称应该是"计算机信息工程系","经贸系"的全称应该是"经济贸易系";专业班级应按年级—专业—班级的顺序,如"2013级市场开发与营销(1)班"。

（二）毕业论文任务书

这一部分的内容是论文指导老师给学生下达的任务，由指导老师填写，不需要学生填写。任务书的主要内容除了学生所在院系、专业、班级、姓名、学号外，还有论文题目、内容与要求、毕业论文起止日期、教研室审查意见等。

（三）摘要与关键词

摘要是对全文内容的概括，300字左右，需要等全文写作结束后再写。摘要的文字要简明、确切，不能展开论述。毕业论文的摘要，放在论文前面，有统一封面的，通常指定在封二页填写。自然科学类毕业论文摘要的主要内容包括：研究的目的、对象、方法、结果、结论及其意义。其中，研究对象、结果是每篇摘要必不可少的内容。文科毕业论文的摘要通常是用简要的文字对内容进行概括，比较完整地反映论文要点，特别要突出有创见的内容。

关键词又称主题词，是用来表达论文主要内容信息的词语或术语，其目的是为文献检索提供方便。一般需要3~5个，中间用分号隔开。

需要注意的是，从摘要页开始一直到致谢页，需要加页眉、页脚。页眉为"学校名称＋毕业论文（设计）"，页脚为页码的序号，本页为"1"。

页面设置：上2.8cm，下2.5cm，左2.5cm，右2.0cm。

行距：22磅。

我国自主品牌汽车市场营销策略研究

摘要：

20世纪改革开放以来，我国汽车工业逐步进入高速发展时期，到2009年底，中国已成为世界第一汽车生产与消费国。无论从销售量还是汽车品质上看，我国自主品牌汽车的发展都得到了飞速的进步。但与此同时，自主品牌也面临着前所未有的压力和威胁：中国火爆的消费市场引起全球汽车巨头的格外重视，纷纷加大在中国的投资、研发与营销宣传，而这些恰恰是中国自主品牌汽车所缺乏的。所以，在竞争激烈的市场环境下，自主品牌如何实行有效的营销策略，最大限度地宣传自己、赢得市场、赢得消费者，是当前迫切需要解决的问题。本文介绍我国自主品牌汽车的含义及类型，我国自主品牌汽车经营现状，通过SWOT分析，明确我国自主品牌汽车在汽车销售市场上的优势和劣势，最后提出自主品牌汽车的营销策略。

关键词： 自主品牌汽车；市场营销；策略

简析：

例文选择的三个关键词很准确，但摘要的写作不符合要求，摘要是对全文的概括，重陈述，切忌议论。例文的前部分没有概括文章内容，只是阐述选题的意义，可以作为引言，不宜出现在摘要里。例文的最后一句才是摘要的内容，但是过于概括。另外，摘要应该直接概括，不要出现"本文"字样，如应该以"自主品牌汽车是指××××××××，它有×大类型"开头。

（四）目录

目录是论文主要内容及小标题所在的页码，从"摘要"页一直到"致谢"页，正文详细到第二级"节"即可。"章"等应该用粗体。这一项是根据需要而定的，篇幅不长的论文可以不要目录。

例文

目　录

摘要 ……………………………………………………………………………… 1

目录 ……………………………………………………………………………… 2

引言 ……………………………………………………………………………… 3

第一章　自主品牌汽车含义及类型 ……………………………………………… 4

　1.1　自主品牌汽车内涵 ……………………………………………………… 4

　1.2　我国自主品牌汽车类型 ………………………………………………… 4

第二章　我国自主品牌汽车经营现状 …………………………………………… 5

第三章　我国自主品牌汽车 SWOT 分析 ……………………………………… 6

　3.1　自主品牌汽车的优势 …………………………………………………… 6

　3.2　自主品牌汽车的劣势 …………………………………………………… 7

　3.3　自主品牌汽车的危机 …………………………………………………… 8

　3.4　自主品牌汽车的机会 …………………………………………………… 8

第四章　完善我国自主品牌汽车市场营销战略的对策建议 …………………… 8

　4.1　重视核心产品质量 ……………………………………………………… 8

　4.2　塑造整体特色品牌 ……………………………………………………… 9

　4.3　激活终端促销 …………………………………………………………… 10

结论 ……………………………………………………………………	10
参考文献 …………………………………………………………………	12
致谢 ……………………………………………………………………	13

（五）正文

正文是论文的主体和核心，毕业论文的正文一般由绪论、本论和结论构成。

1. 绪论

绪论也叫引言，是毕业论文开头的部分，它要求简洁说明论文的主旨、撰写本论文的目的及意义、研究范围、研究方法，有的还对本论、结论做扼要提示。

2. 本论

本论是论文的主体。应对研究的课题做全面的分析、论证，详细说明作者的观点。毕业论文经常采用列小标题的方式来安排本论部分的结构层次。本论部分没有固定的结构形式，只要把问题论述清楚即可。或者把从属于基本论点的若干分论点并列起来，逐个加以论述；或者从不同角度、不同的方面对论题进行论述；或者用层层推进的方式展开论述。一般说来，理论型毕业论文就相当于一篇议论文，作者要按照运用恰当的逻辑分析方法，用论据说明论点的正确性。实践性论文要以实践为基础，进行实验、试验和观察，其内容包括装置、材料、方法、结果和讨论。对结果的讨论是实践性论文正文的重点，讨论要以实践结果及科学理论为依据，论证有哪些成果、哪些缺点、有什么新发现以及对前景的展望。

3. 结论

结论是本论部分阐述的必然结果，是本论部分要点的归纳，是课题研究的答案。结论要与绪论对应，又要写得简明扼要。

（六）参考文献

参考文献是指在撰写毕业论文过程中引用、借鉴过的主要文章或著作等文字资料。一般情况下，作者要在正文中所用引文的后面加注码，在正文之后按注码顺序依次注明这些文献的来源，以示对原作者的尊重，避免侵犯他人的知识产权。具体标注方法如下。

1. 著作

作者.书名［M］.出版地：出版社，出版年，起～止页.

2. 期刊论文

作者.题（篇）名［J］.刊名，出版年，卷（期）号：起～止页.

3. 会议论文

作者．题（篇）名［C］//文集作者．文集名．出版地点：出版单位，出版年：起～止页．

4. 学位论文

作者．题（篇）名［D］．授学位地：授学位学校，授学位年．

5. 报纸

作者．题（篇）名［N］．报纸题名，出版年月日（版面）．

6. 网上检索

论文作者．论文名称［EB/OL］．参考日期．网址．

（七）致谢

致谢是指对在写作毕业论文过程中，给予自己指导、帮助的单位和个人表示感谢。至此，作为"作业"的毕业论文才算全面完成。

例文

　　此次毕业论文是在我的指导老师张××副教授的亲情关怀和悉心指导下完成的，他严谨的工作作风和精益求精的治学精神深深地感染和激励了我。从课堂的选择到论文的最终完成，张老师始终给予我细心的指导和支持。在此，我谨向张老师致以诚挚的谢意和崇高的敬意。

　　同时，我还要感谢我的同学王老五、李小二，他们在我撰写论文过程中，一直帮助我查找资料、推敲文字，感谢这些好同学！

（八）毕业论文指导老师、评阅人评语

这一页由指导老师、评阅人评阅，并给出建议成绩，不需要毕业论文作者填写。

（九）毕业论文成绩评定

这一页由毕业论文指导小组评定意见，并给出最终成绩，由系（院）负责人签名。不需要毕业论文作者填写。

需要注意的是，第一页封面、第二页任务书，以及最后的指导老师、评阅人评语和成绩评定作为附件不可加页眉页脚。

五、毕业论文的答辩

这是论文审定者（小组）就毕业生的毕业论文，在论文涉及的范围内对毕业生进行公开审查检验的一种方式，也叫"论文答辩会"。其主要目的在于检验论文的真伪，考察作者知识的深度和广度，测试作者的思维能力、应变能力及口头表达能力。

毕业生在答辩前应认真思考的问题有以下几点。

(1) 为什么选择此课题，有什么意义？
(2) 毕业论文的基本观点和理论依据是什么？
(3) 前人对该课题的研究情况、自己的认识和理解。
(4) 引文的具体出处。
(5) 论文涉及范围学术界有争论的问题及自己的倾向性。
(6) 有些问题为什么该涉及而未涉及？
(7) 论文中提出的见解的可行性。
(8) 写作论文时的体会和收获。

对于上述的问题，最好用提纲把它们一一列出来，思考出回答的方案，做好答辩的准备。

答辩的一般程序为：首先，毕业生自述论文梗概，通常5~10分钟；其次，教师提问，学生回答，通常双方可能出现辩论；最后，小结，小结包括自我小结式和教师小结式。自我小结式，即由毕业生谈写作论文的体会、收获，向教师致谢；教师小结式，即由教师谈一些结论性的意见，肯定长处、指出不足、提出希望。

第三节 求 职 信

一、正确认识写求职信、应聘信的必要性

(1) 在计划经济时代，大学生毕业后由学校依据国家的计划，统一分配、安排工作，不存在写求职信的问题。随着社会主义市场经济的发展，这种就业模式已不符合社会发展的现实，双向选择已是现实的必然，在这种形势下，求职和应聘是再正常不过的事，写求职信和应聘信也就很有必要了。

(2) 求职是双向选择，不是低三下四地祈求。求职和应聘从求职者一方来说是求职，

但从用人单位一方来说是求人才。任何用人单位只要想发展，无论是从数量上还是从质量上说都需要人才。说不需要人了，那是暂时的，或是不要一般的人。从根本上来讲，都是需要人的。所以求职者不需要低三下四、不好意思。既然是双向选择，那就有多种可能，用人单位可以不选择求职者，求职者也可能不选择用人单位。如果求职者给十个单位发了求职信，有五个单位给了他面试的机会，而最终只有两家单位决定聘用他，那他也自然会在这两家中挑选一个他认为好一点的。

（3）写求职信并不是只是在我们毕业时才用得到，随着社会的发展，工作的变动也会经常发生。从企业的角度讲，每一个行业都有景气不景气的时候，每一个公司都有可能倒闭；从个人的角度讲，每个人都有不甘命运的心理，总是渴望着变化，总是想做到最好。有人说，一个人一生至少要跳槽两次，才能找到顺心的工作。第一次找工作，是求生存，我们现在毕业求职就是这样，只要能自食其力就行，然后"骑驴找马"。第二次找工作，是求发展。生存已经解决，已有一定的工作经验和社会经验，想一个适合自己发展的环境。第三次找工作，是为了自我实现。这些都要求我们会写求职信和应聘信。

二、求职信的概念和作用

求职信是为谋求某一工作或职务向有关部门或领导者个人举荐自己并希望得到任用的专用信件。求职信具有自我推荐的作用，是求职者向用人单位自我介绍身份、经历、专长，以求对方了解自己、录用自己。在实际生活中，大部分情况下，求职者是在了解用人单位的招聘信息后向其求职的，这种情况下的求职就是应聘，这时写的求职信也可以叫应聘信。

三、求职信的格式和写法

求职信一般由标题、称呼及问候语、正文、落款和附件等五部分组成。

1. 标题

以文种作标题，即在第一行居中写"求职信（或应聘信）"三个字即可。

2. 称呼及问候语

给用人单位或部门的，写其全称或规范化的简称。给个人的，写其尊称，如"尊敬的×××先生"；或写姓名加职务，如"尊敬的×××经理"，顶格写，加冒号，然后在下一行空两格写问候语"您好"。

3. 正文

正文一般包括求职原因、自我介绍、请求语和敬语等。

（1）求职原因。即是毕业求职还是再就业求职。如果是即将毕业的学生求职，应聘企业就知道是毕业求职，反之，则是再就业求职。

（2）自我介绍。这是求职信的重点。如果是毕业求职要介绍所学的专业知识、具备的专业技能、参加的社会实践和个性特长等；如果是再就业求职要重点介绍自己的工作经历和业绩。专业知识除了学校所开设的课程，还可以写自己自学的相关课程；专业技能主要是实习实训的经历及取得的成绩，以及考级考证取得的技能证书；社会实践可以写参加学校的社团活动及表现；个性特长要突出自己积极、阳光的一面。如果是应聘信，要根据用人单位的岗位需求，有针对性地介绍自己，说明自己适合这个岗位的优势，与之无关的不要多写。

（3）请求语和敬语。再次表达想到用人单位工作的心愿，并请求用人单位能及时与自己联系。请求语常用"如蒙录用，请赐回信""如蒙俯允，不胜感激，恭候德音""恭候佳音""企盼福音""恭候复函"。最后用"此致敬礼"等敬语结束正文。

4. 落款

落款即署名与日期。正文之后空两行，右下角，先写上"求职人"三字，加冒号后写姓名，在姓名后应加"敬上"字。署名下方写清年、月、日，要用汉字，不可用阿拉伯数字。

5. 附件

附件包括有关证书复印件清单及联系方式。联系方式是为了方便用人单位与求职者取得联系，应在日期下一行注明联系地址、邮政编码、电话号码、电子邮箱等。

四、求职信的写作要求

1. 要实事求是，态度诚恳

要如实地反映自己的身份、学历和专长，不要弄虚作假。要做到不卑不亢，即自信而不自傲、自谦而不自卑、恭敬而不逢迎。

2. 要简明具体，富有个性

无论是自我介绍，还是说明求职理由与条件，都要言简意赅，清晰明了，能体现自己的语言表达能力和写作水平。

五、关于"简历"

目前求职多是投简历，网络上简历的模板很多，可以采用适合自己的简历模板，按栏目要求填写即可。简历的作用和求职信相同，栏目的重点也是在自我介绍部分，所以本书就不另作介绍了。

六、关于"推荐信"

推荐信是有一定社会地位和声望的人为初出茅庐的年轻学子等名不见经传者向用人单位介绍其情况,希望用人单位录用的有一定担保性质的社交书信。在校学生不可能给别人写推荐信,只可能请老师、长辈给学生写推荐信。推荐信的内容是肯定被推荐者知识、能力、人品等,希望用人单位录用被推荐者。在这个过程中,写推荐信的人是以自己的信誉为被推荐者作担保的,被推荐者如果被录用,应该努力工作,积极上进,否则就会给推荐者造成声誉上的不良影响。

例文1

应 聘 信

×××有限公司:

　　昨日读《××晚报》金页分类广告,得知贵公司急聘会计一名,十分欣喜。我现年26岁,××年毕业于省商业学院财务会计系,已有五年会计工作经验,自信能胜任贵公司征聘的职务,故自荐应聘。兹将本人简历及毕业证书复印件附上。企盼福音。

　　此致

敬礼

应聘者:×××敬上
××××年××月××日

简析:

　　这封应聘信语言简洁、庄重。不足之处有两点:一是没有突出优势,既然已有五年工作经历,应该将工作业绩附上以证明自己的工作能力;二是落款之后没有留下联系方式。

例文2

求 职 信

尊敬的领导:

　　您好!

作为一名即将毕业的大学生，我很荣幸，能向您递上这份求职信。

　　大学生活是人生步入社会前的一个大熔炉。经过四年的锤炼，我具备了较高的综合素质，为将来适应社会工作奠定了一定的基础。我热爱绿色事业，刻苦勤奋，学习成绩一直名列前茅，并获得一等奖学金；思想上也积极追求进步。通过四年的努力学习，我掌握了一定的专业知识，实践技能也达到了较高水平，能够胜任有关经济林栽培、加工利用、病虫害防治、果蔬保鲜储藏等方面的研究和管理工作。同时，为了适应当今社会高速发展，拓宽知识面，结合自己的兴趣爱好，我对园林专业的课程也进行了系统的学习，掌握了园林专业的基本理论知识和基本实践技能，有能力胜任园林植物栽培、园林绿地规划设计、花卉和生态环境保护等方面的研究和管理工作。另外，我还参加了市场营销辅修专业的学习，也有能力胜任市场营销方面的工作。

　　我是一个积极向上、有责任心的人。我坚信自己有能力、有价值，并坚信自己选择的目标经过努力奋斗和争取支持就一定能够实现。

　　在机遇与挑战并临的时刻，我真诚地希望能在贵单位找一份具有挑战性和开拓性的工作。我将尽自己的最大努力和热忱，与全体员工共同努力、共同奋斗，以务实的态度为贵单位的兴旺发达、自己的前途命运而奋斗。

　　此致

敬礼

求职人：×××敬上

××××年××月××日

简析：

　　这封求职信格式规范，语言得体。不足的地方主要在自我介绍的部分：一是没有明确说明大学四年所学的专业名称，二是没有专业技能的证明和社会实践方面的介绍，在敬语下方要附联系方式，包括手机号码和电子邮箱号码。

训练设计

一、知识训练

（一）填空题

1. 高等职业院校的学生在校的学业包括文化专业课程的学习、_____和毕业论文（或毕业设计）三个部分。

2. 实习报告的格式包括标题、前言、_____、落款四部分。

3. 实习与实训的区别主要是：一是工作环境不同，实习一般是在校外实际工作环境中进行，实训一般是在校内的_____工作环境中进行；二是指导老师不同，实习由

_____单位的指导老师指导，实训由校内的任课老师指导。

4. 毕业论文是高等院校学生毕业之际在教师的指导下，综合运用所掌握的_____、基础_____和_____解决本学科领域的某一具体问题，取得_____的结果或者有了新见解，并以此为内容撰写而成的文章。

5. 毕业论文的特点在于_____性、_____性，而实习报告的特点在于事务性、_____性。

6. 如果说学习成绩说明学生学到了什么知识，知道了什么；实习成绩说明学生学到了什么技能，会_____什么；那么毕业论文的成绩说明学生有哪些创新，即_____了什么。

（二）判断题

1. 写作毕业论文是高等职业院校教育教学的重要环节，是学生将在校学习的理论知识转化为实际工作能力的重要途径。（　　）

2. 实习报告要多讲成绩，少讲不足。（　　）

3. 实习报告重在陈述，不需要总结经验教训。（　　）

4. 调查报告和实习报告的最大区别是：调查报告调查的是别人，实习报告写的是报告人自己的实习情况。（　　）

5. 毕业论文的摘要需要在全文写作完毕之后再写。（　　）

二、能力训练

根据自己所学的专业和就业目标，拟写一封求职信。

第六章　财经应用文

章节说明

经济活动是社会活动的重要组成部分,所以我们要了解经济合同的一般常识。同时,签订劳动合同也是年轻人走出校园后就要面对的事情,因此我们安排了这两节学习内容。

教学建议

建议教学时安排四课时,第一节两课时,第二节及训练设计两课时。

第一节
经 济 合 同

一、经济合同的概念和作用

（一）经济合同的概念

合同也叫契约,它是由双方或多方当事人为了实现各自的目的、明确相互权利和义务,通过共同协商而签订的具体法律效力的协议。《中华人民共和国合同法》第一章第二条规定:"合同是平等主体的自然人、法人、其他组织之间设立、变更、终止民事权利义务关系的协议。"经济合同是合同的一种,是双方或多方当事人在经济活动中为实现各自的经济目的,经协商确定相互权利和义务,并共同签字、遵守的一种协议。

签订合同的自然人，即我们常说的"某某人"。"法人"是指依据国家规定的法定程序组成的、经过国家认可的社会组织和团体。它有独立支配和依法经营管理财产的权利和偿还债务的义务，能以自己的名义进行独立的民事活动、参与民事诉讼。法人的行为能力是由它的法定代表人来行使的。法人代表有权以本单位的名义签订经济合同，或授权他人代表其签订经济合同。

（二）经济合同的作用

1. 有利于实现国民经济发展目标

在市场经济环境中，国家经济发展目标的实现，往往需要通过许许多多的经济合同的形式予以分解，使之更具体、明确。一方面，政府从社会总体需要出发，通过组织产需双方企业签订经济合同，促使产销直接见面，使国家经济发展计划目标得以落实；另一方面，产、销各个部门可以直接签订经济合同，作为国家计划的补充，以保证国民经济发展计划目标的实现，同时也可以促使市场经济向健康有序的方向发展。

2. 有利于加强企业管理

签订和有效地履行合同，企业经营者就必须加强和改进企业管理。对外，企业主要利用经济合同来沟通生产和流通的环节；对内，企业要靠核算改善经营管理，把企业的经营效果与职工的切身利益紧密联系起来，而经济合同正是加强企业经济核算的一种法律形式。如经济合同的供货方想要履行好合同，就必须按合同规定的数量、品种、规格、质量和期限完成任务，必须全面加强企业管理，搞好经济核算，充分把握和利用原料、设备、人力、物力。千方百计地挖潜降耗，提高产品质量。这个过程本身就是强化企业管理的过程。

3. 有利于保护当事人的合法权益

经济合同明确规定了双方或各方当事人的权利和义务。经济合同一旦签署，就具有法律约束力。当事人既可享受到经济合同规定的权利，也必须全面履行合同规定的义务，任何一方都不得擅自变更或解除合同中的内容，否则将按合同规定支付违约金。如果某一方未能履行合同所规定的义务，给对方造成损失，就要支付相应的损失赔偿金。这样才能有效地保护当事人的合法权益。

4. 有利于实现专业协作和经济联合

现代化生产要求按照专业化和协作原则组织生产。专业化有利于采用先进技术，有利于提高劳动生产率和产品质量，促进经济建设高速发展。专业化是协作的基础，是协作巩固和发展专业化的条件。随着专业化的发展，各种协作关系不断加强。经济合同是协调和组织专业化的有效方式。通过合同，把企业联系起来，使企业按合同要求进行生产，从而有效地推动专业化、协作关系和经济联合的发展。

二、经济合同的分类和特点

（一）经济合同的分类

由于经济活动的范围十分广泛，经济合同的种类很多。按照不同的标准，经济合同有不同的分类。一般多从合同的形式和内容两个方面进行分类。

1. 按形式分类

即按当事人表达意愿的形式可分为以下两种。
（1）口头经济合同。

口头经济合同是当事人以直接对话的形式明确相互权利和义务关系而订立的合同。这种口头形式的合同方便、简捷，有利于当事人即时成交。只要当事人能在短时间内履行各自承担的义务和责任，做到"即时清结"，就可采用口头合同。口头经济合同主要适用于"一手交钱，一手交货"的现货购销的经济活动。凡是不能"即时清结"的经济活动，应当运用书面形式的合同。

（2）书面经济合同。

书面经济合同是当事人以书面语言的形式明确相互权利义务关系而订立的经济合同。书面经济合同除正式文本外，当事人协商同意的有关修改合同某些条款内容的文书、电报、图表以及其他合同附件，也是经济合同的组成部分。

书面经济合同又有两种基本形式：一是条文式合同。也叫条款式合同，是将合同的主要内容分条列项依次写成的合同。二是表格式合同。把合同必不可少的内容分项设计成一种表格形式的合同，常规性经济活动常用此种形式的合同。

在实际工作中，可根据需要，把条文式与表格式结合起来，灵活运用。

2. 按内容分类

（1）购销合同。是供方将产品按时、按质、按量地交付需方，需方接受产品并支付货款的合同。

（2）建筑工程承包合同。是承包方按时、按质、按量地完成工程建设，发包方及时验收并支付工程价款的合同。

（3）加工承揽合同。是承揽方根据定做方的要求完成一定工作，定做方支付约定费用和报酬的合同。

（4）货物运输合同。是承运方将承运的货物按时完好地送达目的地，交付收货人，收货人或托运方支付运费的合同。

（5）供用电合同。是供电方按照规定的标准和电力分配，将一定量的电力输送给用电方，用电方按规定用电并支付电费的合同。

（6）仓储保管合同。是保管方接受并妥善保管存货方交付保管的货物，储存期满时完好地返还给存货方，存货方支付约定的保管费的合同。

（7）财产租赁合同。是出租方在一定时期内将租赁物交付承租方使用、收益，承租方按约定支付租金的合同。

（8）借款合同。是借款方向贷款方（金融机构或自然人）借款并按规定用途使用，到期返还借款并支付利息的合同。

（9）财产保险合同。是投保方向保险方交纳规定的保险费，保险方在保险事故发生时，按约定向投保方赔偿保险金额以内财产损失的合同。

按内容分类，还有技术合同、联营合同、合资合作合同等其他经济合同。

此外，按有效期分类，有长期合同、中期合同和短期合同；按订立方式分类，有格式合同和非格式合同；按地域分类，有国内合同、涉外合同等。

（二）经济合同的特点

1. 合法性

合法性主要体现在以下三个方面：一是签订合同的当事人必须具有合法的资格；二是合同的条款内容必须符合法律、法规和政策；三是合同一经依法签订，就产生法律效力，受法律保护，对各方当事人都有约束力，必须依法履行。

2. 平等性

平等性是指签订经济合同的各方在地位上都是平等的，是一种平等互利的伙伴关系，没有上下从属之分，任何一方不得依靠权势、金钱强迫他方签订合同，也不能要求不平等权利，必须协商一致，自愿达成一致意见。

3. 明确性

明确性是指条款内容必须十分明确，剔除任何含糊因素。这主要体现在两个方面：一是各方当事人的权利与义务必须明确，不明确则为无效合同；二是违约责任明确，否则产生合同纠纷将难以解决。

三、经济合同的格式和写法

经济合同一般由标题、当事人名称、正文和结尾组成。

（一）标题

标题即合同的名称，一般直接将合同的种类或性质做标题，如"购销合同""供用电合同"等标题。也可将标的与合同种类结合起来作为标题，如"苹果购销合同""房屋租赁合同"等。还可将合同执行时间、标的与合同种类结合起来作标题，如"2015年第四季度电脑购销合同"。抑或可以把签订合同单位名称写在标题中，如"××电厂与××煤矿购销合同"。如果使用国家制定的合同示范文本，则以合同种类为标题，那么就不用另写标题了。

（二）当事人名称

当事人名称即签订合同的当事人双方或多方的名称。有时还要写明地址。如果单位派代表签订合同，则在单位名称后注明其姓名、职务。双方名称前，一般还要写明："甲方"或"乙方"（有第三方时，则须写上"丙方"），也可写成"供方""需方"或"定作方""承揽方"等，但绝不能写成"我方""你方"。"甲方"或"乙方"之类的称呼也可放在双方的名称后用括弧号标明。

有时还应在当事人名称右方依次标明合同编号、签订时间和签订地点。

（三）正文

正文一般由引言、主体两部分组成。

1. 引言

引言也称序言或开头，主要是概括写明签订合同的目的、依据、范围和经过，它体现了合同是遵照法定程序签订而具有法律效力的。

2. 主体

主体是合同的内容，即当事人双方或多方议定的主要条款。主要条款又分为通用、专用和特约三种。

通用条款是各类合同必备和常用的条款，主要有下列五项。

（1）标的。

它是订立经济合同当事人双方权利和义务所指向的对象，即双方所要处置的事物。它可以是财物，也可以是行为，如购销的商品、承包的工程、租赁的房屋、科技成果和技术专利等。标的必须具体、明确，否则会造成差错或引起纠纷，甚至导致合同无法执行。

（2）数量和质量。

数量是标的计量，是以数字和计量单位来衡量标的大小、多少、轻重的尺度，必须规定得准确可靠。数量条款必须使用国家法定的计量单位和统一的计量方法，必须明确对数量的检验规定，有时还要规定合理的磅差、正负尾数和在途中的自然增减量。质量是标的的内在素质和外观形态的综合体现，如品种、型号、规格等。质量条款必须以明确的标准为依据，最好是法定标准，若没有法定标准，双方应议定一种标准。质量条款还要对质量责任和验收方法作出明确的规定。

(3) 价款或酬金。

价款是获得标的物的一方向另一方支付的按一定价格计算的金额；酬金是指设计、施工、承揽加工、运输货物、保管货物等进行劳动服务的一方应得到的报酬金额。价格和酬金通常由价格、总额和支付方式三部分组成。经济合同必须对价款标明计算标准，必须遵循国家规定。国家没有规定的，才由双方协商解决。在履行合同过程中，若价格变动，除按国家统一调整的价格执行外，也可协商解决。根据国家规定，国内企业间进行经济活动，必须以人民币作为支付货币。但在涉外经济活动中就要明确以何种货币作为支付货币。除少量的可以用现金直接支付结算外，一般都要通过银行结算，因此，在合同中还应写明结算方式、开户银行、账号等。

(4) 履行的期限、地点和方式。

履行期限是指提供标的物和交付价款或酬金的具体时限，是合同当事人在何时履行各自所承担的义务、判断合同是否按时履行的标准。在经济合同中写明履行期限，包括交货期限与付款期限。

履行地点是经济合同履行的空间范围，即当事人在什么地方履行各自应承担的义务。如交货地点、货物存储地点等。由于履行地点直接关系到履行的义务和费用，因此必须在合同中具体写明并严格履行。

履行方式是当事人履行各自承担义务的方式，包括交货方式、付款方式、验收方式和费用负担等。由于不同种类的经济合同的具体内容不同，其履行方式也有差别。如产品购销合同中，交货是分期分批交付还是一次性交清；是由供方送货还是需方自提；是分期付款还是一次性付清等。

(5) 违约责任。

经济合同当事人没有或没有完全履行合同就是违约，违约方必须承担的责任就是违约责任。违约责任包括经济责任和法律责任，一般主要是经济责任，即支付违约金和赔偿金。违约责任一般由违约情况和违约处理办法构成，即先写违约达到的程度，再写相应的处理办法。两者都必须写得具体、明确，不能有任何含糊或歧义。违约责任是经济合同的关键内容之一，它对督促当事人认真执行合同，避免纠纷或解决纠纷都是必不可少的。

专用条款即不同性质的合同有不同的专门条款。例如，财产租赁合同，除通用条款外，一般还有租赁的用途、租赁期间财产维修、保养责任等条款；技术合同中除通用条款外，一般都有技术资料和情报的保密、技术成果的归属和收益分成的办法等条款。

特约条款是当事人一方要求对方允诺的条款。在一些合同示范文本中，常有"特约事项""补充条款""其他要求"的栏目，就是用来填写特约条款的。

主体的最后，一般还应注明合同的份数、保存的单位。合同的正本一般为一式两份，双方各执一份，或者一式三份，除签约双方外，鉴证单位还存放一份。副本则由双方根据需要商定。经济合同有时还有表格、图纸、实样等附件，也应一一注明名称和份数。

（四）结尾

写明签约各方单位全称和代表姓名、地址、联系电话、银行账号等，并签名盖章。如需鉴证或公证的，还应写明鉴证、公证的机关及代表，同时签名盖章。此外，还应注明签订合同的年、月、日。

四、经济合同的写作要求

1. 要有充分的准备阶段

订立经济合同，往往是先由一方向另一方提出订立合同的建议或要求，这叫"要约"。在要约时，应当在明确标的的前提下初步提出合同的主要内容条款，供对方考虑。对方经过认真考虑后认为可以，则表示有共同愿望。在此基础上，双方都要深思熟虑后再进行具体协商讨论，直至彼此满意、相互承诺，然后才正式签订合同。

2. 要遵循合法互利原则

订立经济合同必须遵守法律法规和相关政策。这主要体现在以下几个方面：一是签订合同的主体必须合法，即必须是具有法人资格或具有独立民事能力的自然人；二是合同的内容要合法，标的物不能是毒品、文物和枪支等国家严令禁止买卖的物品，不能有把自己的意志强加给对方、显失公平公正的条款，不能有损害国家、社会和他人利益的条款；三是签订的基本程序要合法，应做到平等互利、协商一致，需公证或签证的合同一定要依法进行公证或签证。经济合同一旦依法成立，即具有法律效力，当事人必须全面履行合同规定的义务，任何一方不得擅自变更或解除合同。

3. 要内容具体、表达准确

经济合同是规定当事人各方权利义务的法律文件，是当事人执行的凭据，因此，条款要力求完备，除通用的必备条款外，还要充分考虑专用条款和特约条款，确保没有遗漏和疏忽之处。同时对条款内容的表达要具体、准确、简洁，这体现在以下几个方面。一是合同中使用的文字概念只能有一种解释，不能因词语表达不明确而引起误解或歧义。对容易产生误解或歧义的词语，要专门规定它的意义，以免留下隐患。同时要防止错字、别字、漏字，以及标点符号使用不当而产生的理解障碍和解释分歧。二是数字表述要精确，不能使用"大约""左右""若干"之类不确定的词语。要用法定计量单位，不能用方言量词或含糊不清的量词。三是要尽量使用说明的表达方法，不用议论、描写或抒情，不用夸张、比喻、形容等修辞方法。四是各条款之间要有严密的内在逻辑联系，不要颠三倒四、前后重复或前后矛盾。

例文

鲜蛋买卖合同

签订时间：2014 年 12 月 30 日

签订地点：源兴鲜货公司

供方：××县飞翔养殖场（以下简称甲方）

需方：××市源兴鲜货公司（以下简称乙方）

根据国家有关法规、政策，经双方协商，特签订本合同，以资共同信守。

一、品名、计量单位、交售时间与数量（见下表）

二、产品的质量与标准：甲方售给乙方的鲜蛋应符合国家的收购规格，即新鲜完整，不破损、不变质，保持其表面清洁。

三、包装要求：用硬塑箱包装，硬塑箱由甲方自备。运输结束后所用箱由乙方在十日内返还甲方，若乙方将硬塑箱损坏，按价赔偿。

鲜蛋买卖交易明细表

品名	计量单位	交售时间与数量											
		合计	一月	二月	三月	四月	五月	六月	七月	八月	九月	十月	十一月	十二月
鸡蛋	百千克	137	12	12	12	14	14	8	8	8	13	10	12	14
鸭蛋	百千克	50	5	5	5	5	4	5	5	3	3	3	2

备注：按月交货的鸡蛋中白壳鸡蛋不得超过 20%，否则拒收。

四、价格及作价办法：全年实行季节差价。按有关规定，收购旺季实行最低保护价，即鸡蛋 3.6 元/千克，鸭蛋 3.8 元/千克。

五、交货地点：飞翔养殖场发货室。

六、交货方式与运费负担：乙方自提，运费由乙方负担。

七、验收方式及期限：乙方在提货前一天验收，一天内验收完毕。

八、货款结算方式：乙方验收后一周内通过银行转账一次付清给甲方。

九、超欠幅度：甲方在按合同规定的月交货量交售时，超欠幅度在 5% 以内，可不作违约处理。

十、违约责任：甲方在允许的超欠幅度之上，每欠 1 千克鲜蛋，应补偿乙方损失 0.4 元。乙方违约拒收 1 千克鲜蛋，应补偿甲方损失 0.6 元。

十一、若遇不可抗力不能履行合同，应及时通报对方，并以书面形式办理变更或解除合同的手续。

本合同正本一式两份，甲乙双方各执一份。

本合同有效期：自 2015 年 1 月 1 日至 2016 年 1 月 1 日。

供方（甲方）：××县飞翔养殖场	需方（乙方）：××市源兴鲜货公司
代表人：×××（盖章）	代表人：×××（盖章）
地址：××市××县××镇××路××号	地址：××市青山路××号
开户银行：××市××县农业银行	开户银行：××市工商银行
账号：××××××	账号：××××××
电话：××××××	电话：××××××

简析：

这是一份条文与表格相结合的买卖合同。内容完备，格式规范。

第二节
劳 动 合 同

一、劳动合同概述

（一）劳动合同的概念

劳动合同是指劳动者与用人单位之间为确立劳动关系，明确双方权利与义务而签订的书面协议。

随着我国社会主义市场经济的确立，我国的多种经济成分得到迅速发展，劳动关系也呈现出复杂多样的形态。为适应社会主义市场经济发展的迫切需要，我国曾于 1995 年 1 月 1 日正式实施了《中华人民共和国劳动法》，后来随着形势的发展，又于 2007 年 6 月 29 日第十届全国人民代表大会常务委员会第二十八次会议通过新的《中华人民共和国劳动法》，自 2008 年 1 月 1 日起施行。

现行的《中华人民共和国劳动法》第十六条规定："建立劳动关系应当订立书面劳动合同。"可见，劳动合同是一种最常见的、与绝大多数人的切身利益息息相关的合同。对广大劳动者而言，签订一份合理、合法的劳动合同能保护自身的合法权益；对用人单位而言，签订一份合理、合法的劳动合同能避免不必要的劳动纠纷。依劳动合同而确立的劳动关系，对于改善劳资关系，促进劳动力的正确使用、合理配置和有序流动都会产生积极的作用。

（二）劳动合同的种类

我国目前使用的劳动合同主要是依据合同的有效时间（指合同的生效日期到合同的解除或终止日期）的不同而分为以下三种。

1. 有固定期限的劳动合同

有固定期限的劳动合同是指用人单位与劳动者约定合同终止时间的劳动合同。有固定期限合同体现了劳动力市场化的特点。由于它期限固定，对于促进用人单位合理安排、使用劳动力，对于劳动力合理流动，都有积极的作用。

2. 无固定期限的劳动合同

无固定期限的劳动合同是指用人单位与劳动者约定无确定终止时间的劳动合同。《中华人民共和国劳动法》第二十条规定："劳动者在同一用人单位连续工作满十年以上，当事人双方同意延续劳动合同的，如果劳动者提出订立无固定期限的劳动合同，应当订立无固定期限的劳动合同。"

3. 以完成一定的工作为期限的劳动合同

以完成一定的工作为期限的劳动合同是指用人单位与劳动者约定以某项工作的完成为合同期限的劳动合同。这种合同实际是有固定期限的劳动合同的另一种表现形式。

劳动合同还可按与用人单位签订合同的劳动者数量的不同，分为个人劳动合同和集体劳动合同。《中华人民共和国劳动法》第三十三条、第三十四条规定："企业职工一方与企业可以就劳动报酬、工作时间、休息休假、劳动安全卫生、保险福利等事项，签订集体合同"，"集体合同签订后应当报送劳动行政部门；劳动行政部门自收到集体合同文本之日起十五日内未提出异议的，集体合同即行生效"。

二、订立劳动合同的原则

依据《中华人民共和国劳动法》第十七条的规定，订立劳动合同必须遵循以下原则。

1. 平等自愿的原则

所谓平等是指合同当事人之间在订立劳动合同的过程中，其地位是平等的，相互不存在隶属或服从关系，而且按照法律规定当事人双方均享有平等的劳动权利，不允许一方强迫另一方接受自己的条件。所谓自愿是指当事人双方都是出于自己真实的意愿而订立劳动合同的。

2. 协商一致的原则

订立劳动合同时，双方当事人对合同的所有事项进行充分协商，直到达成一致意见。

只有本着协商一致原则订立的合同才能真正体现当事人双方地位的平等，才能维护当事人自主择业、自主用人的权利，保证劳动关系的和谐与稳定。

三、劳动合同的格式写法

劳动合同一般由开头、主体、结尾三部分组成。

1. 开头

这一部分一般应写明订立合同的当事人名称，订立合同的法规依据、目的和原则。用人单位名称应写全称，为了行文方便，可用括号注明："以下简称甲方"。如"根据《中华人民共和国劳动法》，××公司（以下简称甲方）因工作需要与×××（以下简称乙方）本着平等自愿与协商一致的原则，订立如下劳动合同，并共同遵守"。

2. 主体

这是劳动合同的核心部分。应依项分条写明法定的主要条款和由当事人双方协商约定的其他事项。《中华人民共和国劳动法》第十九条规定了劳动合同必备以下条款。

第一，劳动合同期限。可根据当事人双方的实际情况，按有固定期限、无固定期限和以完成一定的工作任务为期限三种类型选择签订。另外，还应根据工作（生产）的实际情况，写明有无试用期限。如果有试用期限，按《中华人民共和国劳动法》第二十一条的规定，试用期最长不得超过六个月。

第二，工作内容。应写明从事工作（生产）的具体岗位。若有职务亦应写明具体职务。

第三，劳动保护和劳动条件。应写明提供劳动保护和劳动条件的标准。如"甲方为乙方提供符合国家安全、卫生标准的工作场所和劳动工具""甲方为乙方提供符合国家标准的劳动保护、安全防护用品和劳动保护待遇""甲方严格执行《××省劳动安全条例》等有关劳动保护的法律法规，对从事有职业危害的员工定期进行健康检查，保障乙方在劳动过程中的安全与健康"。

第四，劳动报酬。劳动报酬是指用人单位按照约定向劳动者支付的薪酬、工资、奖金或其他形式的报酬。劳动报酬是劳动合同中最重要的权利之一，它是劳动者的劳动所得。

第五，劳动纪律。这是用人单位对录用人员提出的纪律约束。一般可从遵守用人单位的各项规章制度，如爱护生产设备、节约能源和原材料、严格遵守操作规程和安全规程、保守用人单位工作（生产、商业）秘密等方面来考虑制定。

第六，劳动合同终止的条件。劳动合同终止条件应根据《中华人民共和国劳动法》的有关规定，依据合同当事人双方约定的劳动合同终止条件拟定。

第七，违反劳动合同的责任。它是指合同当事人一方或双方不能履行或不能完全履行劳动合同时，应当承担的法律责任。违约责任的拟订应首先写明承担违约责任的形式（如支付违约金、支付赔偿金、解除合同），然后分别写明甲、乙双方的违约责任。甲方的违约责任可从违反国家法律法规，给乙方造成损害或经济损失等方面考虑拟订。乙方的违约责任可以从不履行合同期限规定、单方面提出解除合同或违反甲方有关规定而给甲方造成直接损失等方面拟订。

此外，还可就实际情况和需要，列出由当事人双方协商约定的其他内容，如合同生效时间、合同份数、合同的附件等条款。

3. 结尾

劳动合同的结尾包括合同当事人双方签章、劳动部门鉴定意见、鉴定员姓名及鉴定日期等。

训练设计

一、知识训练

（一）填空题

经济合同的必备条款包括_____、数量质量、_____、履行的时间、地点和方式、_____等五项。

（二）判断题

1. 合同是协议书，但协议书不一定是合同。　　　　　　　　　　（　）
2. "法人"是指依据国家规定的法定程序组成的、经过国家认可的社会组织和团体。
　　　　　　　　　　　　　　　　　　　　　　　　　　　　　　（　）
3. 不动产买卖合同必须经过法定机关登记才具有法律效力。　　　（　）
4. 经济合同一经签订，双方就必须履行自己约定的义务。　　　　（　）

二、能力训练

1. 根据下列内容试写一份购销合同。

皖淮化肥厂于今年7月从永盛物资公司购进磷矿石600吨，原煤300吨，规格分别是含磷量不低于25%、发热量在4500大卡以上，单价分别为145元/吨、410元/吨，要求永盛公司保证质量，如期将货送到厂内仓库，由工厂验收后凭收货单据结算。货款在交货后3日内汇到××工商银行84828账户。

双方如有特殊情况要变动合同内容，应提前10天通知对方，并经双方协商同意后才能修改。否则所造成的损失由违约方负责赔偿。

合同一式两份，双方各执一份。合同经双方执行完毕后作废。

2. 将下列合同填写完整。

房屋买卖合同

卖方：　　　　　　　　　　　　　　　（以下简称甲方）

买方：　　　　　　　　　　　　　　　（以下简称乙方）

见证方：　　　　　　　　　　　　　　（以下简称丙方）

甲乙双方经友好协商，就甲方向乙方转让甲方私人房产一事达成以下条款：

第一条　甲方对产权的声明

甲方根据国家规定，已依法取得北京市_____区（县）的房屋所有权证书，所有权证书_____字第_____号。甲方为该房屋的现状负全责。该房屋的结构为_____，建筑面积为_____平方米。

第二条　甲方对买卖权的声明

甲方保证该房屋是符合国家及北京市房屋上市的有关规定及政策法规，甲方有权将该房屋上市交易。由于违反国家及北京市相关政策法规而引起的法律及经济责任由甲方来承担。

第三条　乙方对购买权的声明

乙方愿意在本合同第一条款及第二条款成立的前提下，就向甲方购买上述房屋的完全产权之事签订本协议，并认可仅在此种情况下签订才具有法律效力。

第四条　房屋售价

双方同意上述房屋售价为每建筑平方米××人民币元，价款合计为人民币××元。（大写____佰____拾____万____仟____佰____拾元整）

第五条　付款方式

（一）无须银行贷款

1. 乙方应在签订《北京市房屋买卖合同》时，支付相当于总房款的10％的定金。

2. 乙方应在办理立契过户手续前3个工作日内，支付剩余90％房款。

（二）银行贷款

1. 乙方应在签订《北京市房屋买卖合同》时，支付相当于总房款的10％的定金。

2. 乙方应在办理立契过户手续前3个工作日内，支付首期房款。

3. 银行贷款部分房款按银行规定由银行直接支付。

第六条　违约责任

1. 甲、乙双方合同签订后，若乙方中途悔约，应书面通知甲方，甲方应在3个工作日内，将乙方的已付款（不计利息）返还乙方，但购房定金归甲方所有；若甲方中途悔约，应书面通知乙方，并自悔约之日起3个工作日内应将乙方所付定金的双倍及已付款返还给乙方。

2. 乙方如未按本协议第五条款规定的时间付款，甲方对乙方的逾期应付款有权追究违约利息。每逾期一天,乙方应支付甲方所应付房款的 0.4‰作为滞纳金,逾期超过 15 天,即视乙方违约,定金不予返还。

3. 甲方应在获得全部房款后 3 个工作日内将房屋搬空,每逾期一天,甲方应按乙方已付房款的 0.4‰向乙方付滞纳金,逾期超过 15 天,即视甲方违约,乙方可要求法院强制执行。

第七条 房屋交付甲乙双方就房屋交付达成以下细目:

1. 没有房屋欠账,如电话费、电费、物业管理费、取暖费等;
2. 没有固定不可移动装修物品的破坏;
3. 房屋本身没有影响房屋使用或美观的破坏。

第八条 关于产权办理的约定本协议签订后,甲乙双方应向房屋所在区(县)房地产交易所申请办理房屋买卖立契过户手续,并按有关规定申领房屋所有权证。办理上述手续时产生的税费及相关费用,由甲乙双方依照有关规定缴纳。

第九条 有关争议

本协议未尽事宜,双方可签订补充协议。本协议的附件和双方签订的补充协议为本协议不可分割的组成部分,具有同等法律效力。当本合同在履行中发生争议时,双方协商解决。协商不能解决的,双方均有权向该房屋所在地的人民法院提起诉讼。

第十条 生效说明

本协议一式四份,甲乙双方各执一份,房屋所在区(县)交易所留存一份,见证方一份。均具有同等法律效力。自双方签字盖章之日起生效。

甲方: 经办人: 电话:
乙方: 经办人: 电话:
丙方:

____年____月____日

(来源:出国留学网)

第七章　社交礼仪应用文

章节说明

　　社交礼仪应用文是人们在工作和生活中，进行社会交往、密切人际关系的工具，是用来沟通信息、表达意愿和增进感情的实用性文体。

　　随着社会生活的发展，各级机关、企事业单位、社会团体或个人相互交往日益频繁，社交方式日益多样，社交礼仪日益被重视，社交礼仪应用文也被广泛地运用，因此，我们应该掌握各种社交应用文体的写作。

　　社交礼仪应用文的特点：一是实用性。社交礼仪应用文都是为了某种社会交往的需要而写作的，有着明确的写作目的，其内容也大多与某件事、某项活动或个人生活际遇有关，且会产生交往联络的实际效果。二是礼仪性。这是由社交活动中"礼尚往来""彬彬有礼"的性质决定的，它鲜明地体现在应用文中的称谓、措辞和语气等方面。三是规范性。社交礼仪应用文大都有较固定的体式。这种体式的规范性是人们在长期的运用中约定俗成的，如何称呼、如何开头、如何结尾等，都有大体规定。

　　社交礼仪应用文的主要作用是传递信息、交流感情、协调关系，促进社会文明。

　　写作社交礼仪应用文要做到：内容单一具体、格式规范合度，语言简明得体、感情真挚诚恳。

教学建议

　　本章共七节，计划安排十四课时，每节两课时。

第一节
介绍信和证明信

一、介绍信

（一）介绍信的概念和作用

介绍信是机关、团体、企事业单位用来说明派出人员身份和承担任务的专用书信。个人也可以使用介绍信，这属私人介绍性质，多用于非正式场合和私人事务。

介绍信具有依据和凭证的作用。接受公私任务的人员，可以凭借介绍信联系工作、了解情况、处理问题；对方单位或个人根据介绍信可以了解来者姓名、职务、办理何事，并帮助其完成任务。

（二）介绍信的格式和写法

介绍信一般包括标题、称呼、正文、结尾、署名和日期以及有效期限等六个部分。

1. 标题

一般说来，公务性介绍信在信首居中写"介绍信"三字即可；私务性介绍信则可不用标题。

2. 称呼

给机关单位的介绍信，写机关单位的全称或规范简称；给个人写介绍信则写姓名，要在姓名前加上敬语，或在姓名后加职务。

3. 正文

一般采用全文一段式，写明被介绍者的姓名、身份和人数。人数的数字要大写。必要时应注明被介绍者的职务、级别，便于对方接待。要写明前去办理何事，并要求给予何种协助和支持。

4. 结尾

用一般性的祝愿词结尾，如"此致敬礼"等。如是个人的介绍信，则可视情况，酌情选用恰当的敬语。

5. 署名和日期

在正文的右下方写明出具介绍信的机关单位的全称或个人姓名，机关单位要加盖公章，个人的只须签名。日期写在署名的下方，要写明年、月、日。

6. 有效期限

在日期下一行的左下方注明介绍信的有效时间，数字要大写，并加圆括号。

另外，机关、团体和企事业单位大多数采用印刷成文的编有序号的介绍信，这时直接填写相关内容即可。有的还留有存根，留有存根的介绍信由"存根""间缝""介绍信"三部分组成，填写时应注意：存根部分的正文只要写明何人到何处办何事即可；只写明出具介绍信的日期，不必署名；间缝处应居中使用"骑缝"公章。

（三）介绍信的写作要求

1. 要忠于事实，简明扼要

介绍信的内容不得弄虚作假，只需简明扼要地介绍持信人的情况和要办的事项即可。

2. 要严肃认真，一丝不苟

介绍信的书写要符合格式；要工整、准确、不能涂改；要加盖公章或签名，以保证有法律效力。

二、证明信

（一）证明信的概念和作用

证明信简称证明，它是机关、团体、企事业单位或个人用于证明某人的身份、经历和有关事实情况的专用书信。

证明信具有依据和凭证的作用。因为证明信真实地反映了被证明人的身份、经历以及与之有关的事件，所以，它是受信机关、团体、企事业单位或个人开展工作或处理有关事项的依据，也是被证明人办事的凭证。

（二）证明信的格式和写法

证明信一般包括标题、称呼、正文、结尾以及署名和日期等五个部分。

1. 标题

证明信的标题有两种写法：一是事由加文种式，如"关于×××同志现实表现的证明""关于×××问题的证明";二是文种式,即在信首居中写"证明信"或"证明"即可。

2. 称呼

在标题之下空一行顶格写收信单位名称或个人姓名,并在称呼之后加冒号。

3. 正文

叙述和说明需要证明的事实或有关情况,一般根据对方要求来确定需证明的内容。如果是证明身份的,要写明被证明人的姓名、性别、年龄、工作单位、职务和政治面貌等;如果是证明事件的,要写清事件发生的时间、地点、原因、经过、结果和性质等。

4. 结尾

一般用"特此证明"做结尾,其写法有两种:一是另起一行空两格写;二是紧接着正文写,这时可以再加上敬语"此致敬礼"。

5. 署名和日期

机关单位写的证明信要署其全称或规范简称,并盖公章;个人写的证明信署上姓名即可,若经组织审阅并加意见的,组织应在加意见的地方加盖公章并注明日期。署名之下应写明年、月、日。

(三)证明信的写作要求

1. 要严肃认真

证明信所产生的结果,不仅关乎个人利益甚至前途,有时还与国家和人民的整体利益有关,它是一种凭据、凭证文书,因此,不得马虎随便。如果出具了假证明或与事实不完全相符的证明,可能是要被追究证明者的责任的。

重要的证明信,要保留存根,以备查考。

2. 要真实可靠

证明信的内容要绝对真实,无论是历史的或是现实的人和事,都要经得起考验。写证明信不能以道听途说为据,更不能以主观形象为凭,必须是耳闻目睹,或有案可查、有人作证。

3. 要简短明确

证明信重在客观叙说或说明事实情况,要做到语言简明、具体准确,切忌模棱两可、存在歧义。

例文1

介 绍 信

××学院：

　　兹介绍我院教学副校长×××同志等叁人，前往贵处参观学习并联系联合办学一事。请接洽。

　　　此致

敬礼

××职业技术学院
（公章）
××××年××月××日

（有效期限陆天）

例文2

证 明 信

××大学××系：

　　你系××××年××月××日来信已收到。根据信中要求，现将赵××同志在我系工作期间的情况介绍如下：

　　赵××同志于××××年××月××日至××××年××月××日在我系××教研室任讲师。该同志政治上要求进步，曾多次口头和书面要求加入中国共产党，是我系教工党支部的主要培养对象。该同志对教学工作认真负责，精益求精，获得本系教师和学生的一致好评。该同志也曾多次被评为"优秀教师"。特此证明。

　　　此致

敬礼

××大学××系
（公章）
××××年××月××日

第二节
申请书和倡议书

一、申请书

（一）申请书的概念和作用

申请书是个人向组织、下级单位向上级单位或主管机关表达意愿、提出请求的专用文书。

申请书具有联系沟通、协调一致的作用，运用于公私事务。按申请事项，申请书可分为入党申请书、入会申请书、开业申请书、专利申请书等。

（二）申请书的格式和写法

申请书一般都有固定的格式，由以下五个部分组成。

1. 标题

申请书的标题有两种写法：一是文种式，即在第一行居中写上"申请书"三个字；二是事由加文种式，如"转学申请书""入党申请书"。

2. 称呼

在标题之下空一行顶格写接受申请书的组织、机关、团体、单位名称，或上级领导的姓名、职务，并在称呼之后加冒号，以引出下文。

3. 正文

这是申请书的主体部分，应写清楚三个方面的内容：一是申请事项，须直截了当地提出；二是申请理由，要针对申请事项把理由陈述充分具体、有理有据；三是申请态度和决心，要写得简约而诚恳。

4. 结尾

一般用"请接受我的申请""请领导批准我的请求"等习惯用语结尾。也可不用结尾语，而以祝颂语结束正文，如"此致敬礼"或"敬请批准"等。

5. 署名和日期

在正文右下方下一行写上"申请人",然后空一格写申请人姓名或直接写上单位名称并加盖公章。署名下方写年、月、日。

有的申请书内容复杂,需要一些证明材料来体现申请理由的充分充足,应把证明材料作为附件附在申请书后面。这时,要在祝颂语下一行退两格写上"附件"字样并加冒号,再下一行写明附件的标题和名称。如有多个附件,要根据附件的多少注明顺序并依序排列。

(三)申请书的写作要求

1. 申请事项要明确具体

请求什么事情,表明何种愿望,一定要清楚明白,具体仔细。有关细节、数字都要准确无误。并且要一事一申请,一篇申请书不宜写两个甚至多个申请事项。

2. 理由要充足有力

理由是申请事项得以成立,并获得接受申请者理解和批准的基础。理由不充分、不能说明问题,就难以实现愿望和目的。因此,陈述理由要实事求是、突出重点、有理有据。

3. 语言要准确简明

无论是表达自己的愿望和要求,还是陈述申请理由,都要准确简明、语言质朴,既不能泛泛空论、言不达意,也不要渲染、隐晦含糊。

二、倡议书

(一)倡议书的概念和作用

倡议书是个人、集体或单位为完成某项任务或开展某种活动,公开提出某种措施的建议,并希望能得到普遍响应的专用文书。

倡议书具有统一思想、鼓励斗志和推动工作的作用。倡议书通过公开张贴或大众媒体传播,影响广泛。它可以把党和国家的某项方针、政策或号召,把组织、团体或领导的决策、要求或指标,以至于个人富有创造性的建议变为人们的实际行动。

(二)倡议书的格式和写法

倡议书的格式包括标题、称呼、正文、结尾、署名和日期五个部分。

1. 标题

倡议书的标题有多种写法。

(1) 倡议单位名称、事由和文种式，如"××政府绿色环保的倡议书"。
(2) 事由和文种式，如"广泛开展群众性春季植树造林活动的倡议书"。
(3) 文种式，只写"倡议书"三个字。
(4) 揭示倡议书主旨式，如"行动起来，美化、绿化、净化羊城倡议书"。
(5) 倡议对象和文种式，如"向全校师生发出的倡议书"等。

2. 称呼

在标题之下空一行顶格写倡议对象的称谓，有时也可以不写称呼。

3. 正文

正文是倡议书的主体，其主要内容包括以下两个方面。

(1) 明确交代倡议的根据和目的，包括原因、意义和作用等，以求赢得倡议对象的关注、理解、支持和响应。
(2) 倡议的具体事项和要求，这是倡议的基本内容，包括开展哪些活动以及如何开展，完成哪些任务及其措施、方法和步骤等。

4. 结尾

表明倡议者的决心、希望或建议。

5. 署名和日期

在正文右下方写明倡议者的单位名称或个人姓名，在署名下方写明发出倡议的年、月、日。

（三）倡议书的写作要求

1. 要切实可行

倡议书提出的事项和要求，尤其是措施和建议，要切实可行，能够做到或通过努力做到。脱离实际，办不到的事不能写进倡议书。

2. 要具体明确

倡议书的内容和要求要具体清楚，要明确地告诉倡议对象：为什么倡议，要达到什么目的，达到目的的意义和作用是什么，实现目的的措施、办法有哪些等。

3. 要措辞恰当

发出倡议是为了号召、动员倡议对象积极参与到某一活动中来，因此，语言要有一定的鼓动性。但又要充分尊重倡议对象，因此，语气应平和恳切、掌握好分寸。

例文1

入党申请书

敬爱的学院党组织：

我志愿加入中国共产党，拥护党的纲领，遵守党的章程，履行党员义务，执行党的决定，严守党的纪律，保守党的秘密，对党忠诚，积极工作，为共产主义奋斗终身，随时准备为党和人民牺牲一切，永不叛党。

中国共产党是中国工人阶级的先锋队，是中国各族人民利益的忠实代表，是中国社会主义事业的领导核心。党的最终目标，是实现共产主义。

自1921年建党至今，我们的党已经走过了一百多年的光辉历程。一百多年来，中国共产党从小到大、从弱到强、从幼稚到成熟，不断发展壮大。在长期的革命实践中，先后形成了以毛泽东、邓小平、江泽民、胡锦涛、习近平为核心的党中央领导集体。党的辉煌历史，是中国共产党为民族解放和人民幸福，前赴后继，英勇奋斗的历史，是马克思主义普遍原理同中国革命和建设的具体实践相结合的历史，是坚持真理修正错误，战胜一切困难，不断发展壮大的历史。中国共产党不愧是伟大、光荣、正确的党，是中国革命和建设事业的坚强领导核心。

本人199×年××月××日出生于农村家庭。1999年9月至2005年7月，本人在沅江市××中心小学读书，三年级加入了中国少年先锋队，小学阶段多次获得"优秀少先队员"称号。2005年7月至2008年7月，本人在沅江市××中学读初中，在初二时加入了中国共产主义青年团，初中阶段多次被评为"三好学生""优秀团员"。2008年9月至2011年6月，本人在沅江市××高级中学读高中，先后担任了班级学习委员和生活委员，学生工作得到了老师和同学的一致好评，并多次获得"优秀班干""三好学生""优秀团员"称号。2011年9月进入大学学习以来先后担任班级学习委员、班长等职务，获得过"优秀团员""三好学生""优秀学生干部"等称号。我虽然取得了一些成绩，但也存在一些不足之处，比如处理问题不够成熟、政治理论知识水平不高等。我会尽快提高自己，弥补不足。

如果我的入党申请得到批准，我会更加努力地学习，进一步严格要求自己，积极开展各项工作，把自己的本职工作做好，在各个方面走在前面，使自己成为一名合格的党员。如果我的申请暂时没有得到批准，说明我离党的要求还有距离，我会更加严格地要求自己，在工作和学习中努力克服不足，请党组织在实践中考验我。

  此致
敬礼！

申请人：×××
××××年××月××日

简析：

  这是一份写得较好的入党申请书，格式规范，值得想要加入中国共产党的同学参考。正文部分首先明确提出自己的请求，接着谈到对党的认识，然后写到自己所获得的荣誉与不足。语言恳切，朴实无华。

例文2

倡 议 书

哈尔滨市志愿者朋友们：

  在联合国向世界宣布"××××年为国际志愿者年""××月××日为志愿者活动"启动日之时，为迎接即将召开的第××届中国·哈尔滨冰雪盛会，在冰雪节和春节前后，我们将以"志愿者服务社会、共建美好家园"为主题，通过开展扶贫济困送温暖、公益性劳动活动，树立哈尔滨国际大都市的新形象，做一名热情、好客、文明的市民。为此我们南岗区志愿者指导中心，向全市志愿者发出如下倡议。

  一、积极参与第××届中国·哈尔滨国际冰雪节活动。每一名志愿者（老年志愿者、青年志愿者、红领巾志愿者）结合实际，发挥自身特长，义务为冰雪节当一名宣传员、做一名导游员、开展一项服务，给中外宾客留下一个文明、热情、好客的良好印象。

  二、踊跃参加公益性义务劳动。带头清扫马路、广场、桥梁上的积雪，参加城市环境清洁活动，主动到交通岗站协助交警维护城市交通秩序，树立哈尔滨良好的城市形象。

  三、关爱老人、帮助学子活动。在春节前后，每一名志愿者在社区联系一户贫困家庭、帮助一名孤寡老人或者资助一名经济有困难的中小学生等，为他们提供物质援助和精神支持，使他们感受到文明城市大家庭的温暖。

四、为外地人做一件好事。利用节假日和双休日到车站、码头、航空港等窗口地区，义务为外地人引一次路，介绍一遍哈尔滨风情、拍一张照片、递上一份城市地图，让外地朋友更好地了解哈尔滨。

我们不仅拥有一个充满和平的地球，还共有一个美丽的哈尔滨。每一名志愿者都要在城市这个大"家庭"里当一名主人、做一份贡献，共同创造美好的明天。

××区志愿者指导中心
××××年××月××日

第三节　感谢信和慰问信

一、感谢信

（一）感谢信的概念和作用

感谢信是向关心、支持和帮助过自己的单位或个人表达谢意的专用书信。

感谢信具有树立良好的社会风气、鼓舞人心的宣传教育作用。感谢信可以直接寄给被感谢者或其所在单位，也可以张贴在被感谢者的单位，还可通过大众媒体广为传播。

（二）感谢信的格式和写法

感谢信的格式包括标题、称呼、正文、结尾以及署名和日期五个部分。

1. 标题

通常有三种写法：① 文种式，即直接以"感谢信"作标题。② 感谢对象加文种式，如"致×××的感谢信"。③ 感谢双方加文种式，如"××街道致××剧院的感谢信"。

2. 称呼

写感谢对象的称谓，即单位名称或个人姓名及相应称呼，如"××大学""×××同志""尊敬的×××先生"等。

3. 正文

要写清以下主要内容。

（1）说明感谢缘由，即叙述被谢者的先进事迹并表达感谢之情，要简介人物、事件、时间、地点、原因、经过和结果，尤其要突出自己得到的关心、支持或帮助。

（2）赞颂并评价对方的思想品德和精神风貌。

（3）表达向对方学习的态度和决心等。

4. 结尾

写表示敬意和感激的话语，如"对您的帮助表示由衷的感谢""此致敬礼"或"致以最诚挚的敬礼"等。

5. 署名和日期

写明感谢者的姓名，并写出年、月、日。

（三）感谢信的写作要求

1. 叙述对方事迹要真实精练

要用准确、朴实的语言叙述对方在何时何地为自己解决了什么困难、给予了什么支持和帮助，并表示谢意。不铺垫、不描写，直截了当地写出来。

2. 赞扬和评价对方要恰如其分

要以真挚的感情、诚恳的态度，实事求是地评价对方的事迹所体现的思想、作风和品德。不可装腔作势，滥用溢美之词。

3. 措辞要符合对方身份

要针对对方身份和具体情况表示谢意，说的要是肺腑之言，表达的要是感激之情。要在叙述对方事迹并进行评价和赞扬中以平实的语言自然显现真诚的谢意，不可过多堆砌感谢的话语。

二、慰问信

（一）慰问信的概念和作用

慰问信是以组织或个人名义向有关集体或个人表示关怀、问候、慰藉和鼓舞的专用书信。从内容上看，慰问信主要有三种。一是节日慰问。逢重大节日或纪念日向有关人员表示问候和祝愿。二是灾难慰问。向在自然灾害中遭受重大损失的地区和群众表示关切与鼓励；向遭遇不幸（如患重病或家属亡故等）者表达同情与安抚。三是业绩慰问。向为国家、为集体付出辛勤劳动，作出重要贡献，取得巨大成就的集体或个人表示慰劳与祝贺。

慰问信具有安慰与鼓励的作用。无论是对有功者的赞颂，对节日的问候与祝愿，还是对遭受挫折不幸者的同情与关切，都能使人感到亲切、温暖，并在精神上得到慰藉，并给人以继续前进的勇气和奋发向上的力量。

（二）慰问信的格式和写作

慰问信由标题、称呼、正文、结尾、署名和日期五个部分组成。

1. 标题

慰问信的标题有三种形式。
（1）文种式，直接以"慰问信"三个字为题。
（2）慰问对象加文种式，如"致武警官兵的慰问信""给抗洪部队的慰问信"。
（3）慰问者加慰问对象加文种式，如"云南省人民政府致云南前线三军的慰问信"。

2. 称呼

若慰问对象是集体，要写其全称或规范简称；若是个人，则写个人姓名并加"同志""先生"等称谓。

3. 正文

慰问信正文的内容因慰问对象的不同而不同。开头要说明慰问缘由与有关背景，并表示慰问之意。主体部分概述有关事实情况并表明自己的态度。给受灾者的慰问信，要表明对受灾者的同情与安慰，赞扬其与灾害做斗争的精神，鼓励他们战胜困难、取得胜利；给取得突出成绩的集体或个人的慰问信，要概述其先进事迹和贡献，赞扬其思想品德，鼓励他们戒骄戒躁、继续努力。不论哪种慰问信，都要有感而发，殷切真诚。

4. 结尾

结尾表示共同的愿望和决心。如"让我们携手并进，共同谱写未来的华丽篇章""……困难是暂时的，最后的胜利一定属于我们"等。接着写祝愿的话，如"祝你们取得更大的成绩""祝节日愉快"等，但"祝"字后面的话应另起一行，空两格写，不得连写在上文末尾。

5. 署名和日期

慰问信的落款要署上发文单位或发文个人的称呼，并在署名下方署上成文日期。

（三）慰问信的写作要求

1. 掌握慰问对象的情况

写慰问信要有感而发，要根据不同的对象确定慰问信的内容。业绩慰问信要了解其重要事迹和贡献，内容以赞扬歌颂其业绩为主；灾难慰问信要知道其遭受的灾难、损失的经过和结果，内容应着重向其表示关怀、慰问和支持。

2. 篇幅不宜过长，言语要诚恳

写慰问信要情真意切，语言精练朴实、热情洋溢。既要表达深切关怀的感情，又要能鼓励对方努力奋进。

例文1

感 谢 信

××小学：

  我于5月3日在26路车站附近不慎丢失内装价值6000元的首饰的皮包一只，被贵校三（1）班同学张玲、李中光、叶辉拾到。他们在车站边等了一个多小时，当我回来寻找时，他们主动送还皮包，而且坚决不收我的500元酬谢金。在此我向他们表示由衷的感谢！

  他们这种拾金不昧的好思想好品德是贵校老师辛勤教导的结果，是雷锋精神的体现，值得发扬光大，也值得我们学习。在感谢之余，我祝愿他们健康地成长，天天向上！

  此致

最诚挚的敬礼！

×××
××××年5月4日

例文2

致邹韬奋夫人沈粹缜的慰问信

粹缜先生：

  在抗战胜利的欢呼声中，想起毕生为民族的自由解放而奋斗的韬奋先生已

经不能和我们同享欢喜，我们不能不感到无限的痛苦。您所感到的痛苦自然是更加深切的了。我们知道，韬奋先生生前尽瘁国事，不治生产，由于您的协助和鼓励，才使他能够无所顾虑地为他的事业而努力。现在，他一生光辉的努力已经开始获得报偿了。在他的笔底，培育了中国人民的觉醒和团结，促成了现在中国人民的胜利。中国人民一定要继续努力，为实现韬奋先生全心向往的和平、团结、民主的新中国而奋斗不懈。韬奋先生的功业在中国人民心目中永垂不朽，他的名字将永远是引导中国人民前进的旗帜。想到这些，您，最亲切地了解韬奋先生的人，一定也会在苦痛中感到安慰的吧！您的孩子——嘉骝，在延安过得很好，他的品格和勤学，都使他能无负于他的父亲，这也一定是可以使您欣慰的事吧！谨向您致衷心的慰问，并祝

您和您的孩子们健康！

周恩来启
卅四年九月十二日

（摘自《周恩来选集》（上卷），人民出版社1980年版，第225页。）

第四节 贺信和祝词

一、贺信

（一）贺信的概念和作用

贺信是表示庆贺、颂赞的专用书信。

贺信的主要作用是庆贺、交际，有的还具有宣传作用。贺信的使用范围很广，可用于国家领导人、机关、团体对取得大成绩、作出大贡献的集体或个人表示祝贺与赞颂；或对国内外发生的重大喜事（如重大会议、重大工程开工/竣工等）、对知名人士的寿辰表示祝贺；也可用于亲友之间祝贺生日、结婚、乔迁等。

（二）贺信的格式和写法

贺信的格式包括标题、称呼、正文、结尾、署名和日期五个部分内容。

1. 标题

标题有两种。

(1) 文种式，只写"贺信"两字即可。

(2) 祝贺对象加文种式，如"致全国双拥模范城（县）命名大会的贺信"。

2. 称呼

在标题之下空一两行，顶格写接受贺信的单位名称，或个人姓名与称谓。如果是祝贺会议召开或闭幕，则只写会议名称。

3. 正文

开头写祝贺的原因并表示祝贺。如"值此……之际，谨代表……向……表示热烈祝贺""欣闻……，我代表……，向……表示热烈祝贺和衷心的慰问"。然后根据祝贺对象确定内容。如果是祝贺对方取得重大成绩，要分析取得成绩的原因，并充分肯定、热情赞扬对方取得的成绩及其意义。如果是祝贺会议的，要侧重说明会议召开的意义和将产生的影响。如果是祝贺寿辰的，则应赞扬对方的高尚品德和作出的贡献。

4. 结尾

根据内容写相应的祝愿语。如"祝各位在新的一年里取得新成就""祝您健康长寿""祝大会圆满成功"等。如果是上级、前辈写的贺信，还可对下级、晚辈给予热情的鼓励和殷切的希望。

5. 署名和日期

在正文右下方写上祝贺的单位名称或个人姓名，同时将日期写在署名之下。

（三）贺信的写作要求

1. 要实事求是，恰如其分

贺信是因喜事而发，要实事求是地评价成绩、贡献和意义，恰如其分地赞扬个人品德和精神，真诚实在地表达祝愿、希望和鼓励。

2. 要精练简洁，用语得体

贺信要根据对象表达情感，上下级之间、平级之间、个人与个人之间，行文要有分寸，要符合双方的身份，用精练简洁的语言进行颂扬和评价。

二、祝词

（一）祝词的概念和作用

祝词也称祝辞，是对人、对事表示良好祝愿的一种文体。

祝词具有交流、交往和祝福、勉励的作用，有助于人们之间的思想感情沟通，增进了解和友谊。其使用范围很广泛，种类较多，较常用的有以下几种。一是祝事业，多用于会议开幕、工程开工、开业典礼以及某些活动的剪彩仪式之前、纪念性的庆典等，也用于外事活动、友好往来中的礼仪性祝愿，祝对方事业成功、双方友谊与日俱增。二是祝寿，常用于对老年人，祝愿他幸福、健康、长寿，也可称颂他作出的贡献、取得的成绩。三是祝酒，多用于喜庆佳节、宾朋盛会之际，特别是在外事活动中，为外宾设宴洗尘、主人致辞，是一种隆重的礼节。

祝词与贺词在某些场合可以互用，因"祝"兼有"贺"的意思。二者的明显区别是：祝词一般是事情未了，表示祝愿、希望之意；贺词一般是事已成功，表示庆贺、道喜之意。

（二）祝词的格式和写法

祝词一般由标题、称呼、正文、结尾、署名和日期五个部分组成。

1. 标题

祝词标题的写法有以下几种。

（1）文种式，只写"祝词"二字。

（2）致词者加致词对象或场合加文种式，如"×××在××会议上的祝词"。

（3）致词者或致词对象加文种式，如"×××的祝酒词""给×××的祝寿词"。

（4）正副标题式，正题表明致词内容，副题由致词场合加致词者加文种组成，如"教育工作者富强烈使命感，致力澳门未来之均衡发展——国庆餐会上刘××副理事长致祝酒词"。

2. 称呼

根据被祝贺的对象（个人、集体或组织）的身份来定。可以是中性的，如"同志们""朋友们"等，也可加上表示亲切和敬意的修饰语，如"亲爱的读者们""尊敬的×××先生"等。如果有多个称呼，应按尊卑长幼安排好顺序。

3. 正文

一是要说明祝贺的缘由，并向祝贺对象致意，表达祝愿、感谢或欢迎、慰问之情。

有时还要说明致词者的身份，即是代表个人还是代表集体致祝词。

二是叙述所祝事项。会议性祝词，要写明会议的性质和意义；庆贺性祝词要写明受贺对象所取得的成就并作出相应的评价；祝寿词要概述受贺者已取得的业绩，赞颂其高风亮节。

4. 结尾

主要写一些热情、庄重的祝愿语，有时还可表达鼓励和希望。如祝酒词常用"我提议，为……干杯"，或者以"让我们举杯，祝愿……"等作结语。

5. 署名和日期

在文末右下方写上致词人姓名，署名下写上年、月、日。祝酒词有时也可不写署名和日期。

（三）祝词的写作要求

1. 内容要有针对性

祝词中必须写明向谁祝贺、祝贺什么、为什么祝贺等。要针对具体的受祝者和场景来选择内容，遣词造句。

2. 感情要真挚热烈

祝词是在喜庆之时向对方表示良好的祝愿，感情一定要真挚热烈，也要有分寸感，以自然得体为佳。

3. 篇幅要力求简短

祝词的语言要简洁明快，准确精练，热情友好。由于祝词往往是正式活动前的讲话，有时是即兴致词，因此以自然流畅且温文尔雅的口语为佳。

例文1

习近平致全国青联十二届全委会和全国学联二十六大的贺信

青年朋友们：

值此中华全国青年联合会第十二届委员会全体会议和中华全国学生联合会第二十六次代表大会开幕之际，我代表党中央，向大会的召开表示热烈的祝贺！向全国各族各界青年和青年学生、向广大海外中华青年，表示诚挚的问候！

紧跟时代砥砺前行，担当责任奋发有为，是我国青年的光荣传统，也是党和人民对广大青年的殷切期望。5年来，在党的坚强领导和共青团帮助指导下，各级青联和学联组织围绕中心、服务大局，积极组织青年、宣传青年、教育青年、引导青年，各项工作取得可喜成绩。广大青年和青年学生响应党的号召，胸怀祖国和人民，奉献社会和他人，积极投身坚持和发展中国特色社会主义伟大实践，以实际行动证明，当代中国青年不愧为大有希望、大有作为的一代。

"士不可以不弘毅，任重而道远。"国家的前途，民族的命运，人民的幸福，是当代中国青年必须和必将承担的重任。一代青年有一代青年的历史际遇。我们的国家正在走向繁荣富强，我们的民族正在走向伟大复兴，我们的人民正在走向更加幸福美好的生活。当代中国青年要有所作为，就必须投身人民的伟大奋斗。同人民一起奋斗，青春才能亮丽；同人民一起前进，青春才能昂扬；同人民一起梦想，青春才能无悔。

前进要奋力，干事要努力。当代中国青年要在感悟时代、紧跟时代中珍惜韶华，自觉按照党和人民的要求锤炼自己、提高自己，做到志存高远、德才并重、情理兼修、勇于开拓，在火热的青春中放飞人生梦想，在拼搏的青春中成就事业华章。

青联和学联事业是党的群团事业的重要组成部分，青联和学联组织一定要不断保持和增强政治性、先进性、群众性，不断推进自身改革，认真履行自身职能，更好组织动员广大青年坚定地跟党走。

祖国的未来属于青年，重视青年就是重视未来。各级党委和政府要加强对青年工作的领导，认真研究新形势下青年运动的特点和规律，为广大青年成长成才、建功立业创造良好环境和条件，帮助和支持广大青年在时代的舞台上展现风采、发光发热，努力为实现"两个一百年"奋斗目标、实现中华民族伟大复兴的中国梦贡献青春的激情和力量。

祝大会圆满成功！

习近平
2015年7月24日

例文2

毛泽东主席给徐特立同志的祝寿词

徐老同志：

你是我二十年前的先生，你现在仍然是我的先生，你将来必定还是我的先生。当革命失败的时候，许多共产党员离开了共产党，有些甚至跑到敌人那边去了，你却在一九二七年秋天加入共产党，而且取的态度是十分积极的。从那时至今长期的艰苦斗争中，你比许多青年壮年党员还要积极，还要不怕困难，还要虚心学习新的东西。什么"老"，什么"身体精神不行"，什么"困难障碍"，在你面前都降服了。而在有些人面前呢？却做了畏葸不前的借口。你是懂得很多而时刻以为不足，而在有些人本来只有"半桶水"，却偏要"淌得很"，你是心里想的就是口里说的与手里做的，而在有些人他们心之某一角落，却不免藏着一些腌腌臜臜的东西。你是任何时候都是同群众在一起的，而在有些人却似乎以脱离群众为快乐。你是处处表现自己就是服从党的与革命的纪律之模范，而在有些人却似乎认为纪律只是束缚人家的，自己并不包括在内，你是革命第一，工作第一，他人第一，而在有些人却是出风头第一，休息第一，与自己第一。你总是拣难事做，从来也不躲避责任，而在有些人则只愿意拣轻松事做，遇到担当责任的关头就躲避了。所有这些方面我都是佩服你的，愿意继续地学习你的，也愿意全党同志学习你。当你六十岁生日的时候写这封信祝贺你，愿你健康，愿你长寿，愿你成为一切革命党人与全体人民的模范。此致

革命的敬礼！

毛泽东
一九三七年一月三十日于延安

（摘自《百年红色家书品读》，人民出版社 2021 年版，221-222 页。注明：标题为本书编者另加。）

第五节
请柬和聘书

一、请柬

（一）请柬的概念和作用

请柬，也称请帖、简帖，是机关、团体或个人邀请对方参加某种活动而使用的一种专用文体。在日常交际活动中，如宴饮、典礼、会议、观赏和各种喜庆、纪念活动等均可向对方送去请柬，以示隆重，并对客人表示尊敬。

请柬在公私交往中的主要作用是表示主办者对被邀请者的重视，对被邀请者的尊重、热情和诚挚，有利于沟通信息、联络感情，以保证活动的顺利进行。

（二）请柬的格式和写法

请柬由标题、称呼、正文、结尾、署名日期五个部分组成。

1. 标题

请柬的标题写在封面上，即在封面上用红底烫金字写上"请柬"或"请帖"二字。封面有竖式和横式两种，还可用各种吉祥物装饰画面，力求美观庄重。其他内容写在封里或背面。

2. 称呼

第一行顶格写被邀请的单位名称或个人姓名，并加上相应的称谓或职务。对上级、长辈还要加上尊称，如"尊敬的×××局长"。如邀请的是集体代表，可只写单位名称。也有的把称呼写在正文之后，用"此敬×××先生"字样。这时就可不用结尾语。

3. 正文

写明邀请的理由即活动事项、出席活动的具体时间和详细地点等。如有入场券则将入场券附上；如果活动地点在生疏、僻静的地方，则注明××号或××街；如果邀请的嘉宾是排定好了座次的，应注明应邀者入座的座次；如果邀请对象是单位代表，应写明邀请人数。

4. 结尾

写表示尊敬的话语，如"敬请光临""希拨冗莅临为盼""此致敬礼"等。其写法有两种：一是紧接正文后书写；二是另起一行，顶格书写。如果称呼放在正文之后，则不写结尾语。

5. 署名和日期

在结尾语的下一行右下方（竖写的请柬，结尾在左下方）写邀请的单位名称或个人姓名。单位邀请应加盖公章，以示尊重。个人邀请一般应在姓名前加谦称。如果是结婚请柬，二人姓名之后宜加上"鞠躬"等字样。署名下一行写年、月、日。

（三）请柬的写作要求

1. 文字简明，文雅端庄

请柬只须把活动的时间、地点、具体内容和详细地点告诉被邀请者即可，因此请柬往往是一句话就可以达到目的的。但要写得文雅端庄，除礼貌语外，其他语言也要体现出邀请者的诚心。

2. 郑重其事，感情真挚

请柬不同于一般书信，即使近在咫尺，也要送请柬，主要是表示对客人的尊重、诚挚，也表明邀请者对活动的郑重态度。

3. 款式、装帧要典雅大方

请柬的制作应在图案、文字、版式、色调和烫金等方面进行艺术加工，但是要做到设计风格大方典雅，不要过于花哨。请柬的正文如是手写的，字样要写得工整、美观。

二、聘书

（一）聘书的概念和作用

聘书又称聘请书或聘任书，是聘请某人承担某项工作或担任某个职务的专用文书。被聘者可以是外单位的人员，也可以是本单位的人员，一般是具有某种专长，能胜任某种专业工作，或在某些方面具有一定声望的人。

聘书的作用是体现对被聘者的信任和尊重，可以明确工作职责，提高工作、活动的质量，在促进人才交流和单位之间的协作方面发挥着重要作用。

（二）聘书的格式和写法

聘书一般由标题、称呼、正文、结尾、署名和日期五个部分组成，在具体写作时有一定的灵活性。

1. 标题

写"聘书"或"聘请书"。聘请从事某项临时活动的，如聘请某人担任某次演讲比赛评委，这两种写法都可以。如果聘请较长期任职的，一般写"聘书"或"聘任书"。单位内部的正式任职聘书，还应在标题前加上单位名称，在标题下写明发文字号，如标题为"大学聘书"，发文字号为"××大学聘字〔2005〕第××号"。

2. 称呼

写明被聘者的姓名、称谓，如"×××先生""×××同志""×××教授"等。亦不可单独写称呼，而应在正文开头写明，如"兹聘请×××先生为……"。

3. 正文

先写聘请的缘由、目的，再写被聘人担任何种工作、任职职责。有的还要写明任期、待遇等。也可不写聘请的缘由、目的，只写明聘任何种工作或担任何种职务。

4. 结尾

一般写上"此聘"两字，也可写"此致敬礼"或"特授予此证"。也可不写结尾。

5. 署名和日期

在正文右下方写上聘请单位全称，加盖公章，有的写聘请单位领导人的职务、姓名。署名下一行写上年、月、日。

（三）聘书的写作要求

1. 内容要清晰

聘书一定要写明聘请谁，聘来干什么，担任什么职务。

2. 用语要庄重

聘书是代表单位给受聘者的文书，用语要讲究礼貌，态度要诚恳，切合发文单位的地位和身份。

3. 制作要规范

聘书最好是印刷成文，使用装帧考究的封皮。如是手写的聘书，字迹要工整美观，不可潦草。

例文1

请　柬

×××先生：

　　我公司定于××××年××月××日上午8时30分在××大厦七楼举办贸易洽谈会。敬请光临。

　　此致

敬礼

××××公司（公章）

××××年××月××日

例文2

聘 书

×××同志：

  我厂正在研制一种××新产品，有些技术问题尚未解决。您是我市化工食品专家，特聘请您为我厂技术攻关顾问，聘期暂定六个月，月薪××××元。

  此聘

××食品厂（公章）
××××年××月××日

例文3

××大学聘书

  ××大学聘字〔2005〕第×号

  兹聘任×××同志为教授，任期自××××年××月至××××年××月。

××××大学（公章）
××××年××月××日

第六节 欢迎词、欢送词和答谢词

一、欢迎词

（一）欢迎词的概念和作用

  欢迎词是在迎接宾客的仪式、会议开幕式、隆重典礼上或宴会开始时，主人对宾客或会议代表的到来，表示热烈欢迎的讲话稿。

  欢迎词的主要作用在于充分表达对宾客的欢迎，以表示礼貌和增进彼此的情谊，促进团结合作。欢迎词尽管只是礼节应酬的需要，但有时也可以婉转、巧妙地表达自己的立场和意愿。

(二)欢迎词的格式和写法

欢迎词由标题、称呼、正文、结尾、署名和日期五个部分组成。

1. 标题

欢迎词的标题有三种写法。
(1) 文种式,写"欢迎词"三字即可。
(2) 致词场合加致词者加文种式,如"在欢迎尼克松总统的宴会上周恩来总理的欢迎词"。
(3) 致词者加致词场合加文种式,如"×××在欢迎×××总裁宴会上的讲话"。

2. 称呼

写欢迎对象的称呼,以泛称全体欢迎者为常见,如"同志们,朋友们""女士们,先生们"。也可以尊称被欢迎者与泛称全体欢迎者相结合,如"尊敬的×××先生,朋友们,同志们",这种写法要尊称被欢迎者。若是欢迎外国贵宾,在被欢迎者姓名之后,还可加上"阁下""殿下""夫人"等尊称。

3. 正文

正文是欢迎词的中心内容,可分以下三层来表达。
首先,写致词人以什么身份、代表谁、对谁表示热烈的欢迎和亲切的问候。
其次,阐述宾客来访或召开此次会议的意义和作用,赞扬宾客在各方面取得的成就,或者回顾宾主双方以往的交往和友谊,并赞颂双方的友好合作。
最后,对双方今后的友好交往与合作表示良好的祝愿和希望。

4. 结尾

用简短的话语再次表示热烈的欢迎和良好的祝愿。

5. 署名和日期

在正文的右下方写致词人的姓名,在署名下写明致词的年、月、日。如果标题中已有致词人姓名,则只需标明日期。

需要注意的是,欢迎词的标题、署名和日期,致词者在致词时是不念的,但在公开发表时却必须具备。

(三)欢迎词的写作要求

1. 要讲究礼貌,热情诚恳

欢迎词是出于礼仪的需要而使用的,因此,遣词造句要十分讲究礼貌、表达真情实意。称呼要用全称、尊称，一般都要在姓名前后加上表示亲切的修饰性词语和头衔，以表示礼貌和尊敬。行文既要诚恳热情、态度友好，又要巧妙地表达自己的原则立场，做到有礼有节、不卑不亢，仪态大方。

2. 语言要生动简短，合乎口语

欢迎词是一种讲话稿，行文要合乎讲话的特点。要多用短句，少用修饰语。既要生动形象、热情感人，又要通俗易懂、简洁明了。

二、欢送词

（一）欢送词的概念和作用

欢送词是在离别仪式上的致词。如宾客访问结束，为之送行，会议结束、学生毕业、文艺团体下乡等，都要举行送别仪式，在送别仪式上致欢送词。

欢送词的作用主要是表达对离别者的依依惜别之情，评价来访、会议等取得的成果，对离别者提出希望和勉励，并致以美好的祝愿。

（二）欢送词的格式和写法

欢送词由标题、称呼、正文、结尾、署名和日期五个部分组成。

1. 标题

与欢迎词的写法大体相同，把"欢迎"改为"欢送"即可。

2. 称呼

与欢迎词的写法相同。

3. 正文

首先，用热情洋溢的语言表达欢送的情意。

其次，对宾客来访或会议取得的成果和友谊的加深，给予充分的肯定和适当的评价。有时还要指出其重要意义和深远影响。

最后，对未来提出希望和祝愿，进一步增进友谊、加强合作等。

4. 结尾

写惜别之情，期待着下次重逢，并祝客人旅途愉快，一路平安。

5. 署名和日期

写明致词人的姓名，在姓名下写年、月、日。

与欢迎词一样，标题、署名和日期是不念的。

(三)欢送词的写作要求

欢送词的写作要求与欢迎词基本相同。

三、答谢词

(一)答谢词的概念和作用

答谢词是在喜庆宴会、欢迎或欢送仪式上，客人对主人的邀请、款待表示感谢的致词，也可以是在授奖仪式上或对曾经帮助过自己的有关团体表示感谢的致词。

答谢词有两类：一类是在交往活动开始时，在主人致欢迎词之后，宾人致答谢词；另一类是在交往活动结束后，客人对主人的盛情接待和周到安排致答谢词以表达由衷的谢意，具有辞别的性质。后一类有时是客人离别前在告别仪式上或告别宴会上发表的讲话，有时是客人在归途中向主人发的致谢电。

答谢词的作用主要是向主人真挚的谢意，以增进双方的友好情谊，进一步促进双方的交往与合作。同时也是完善礼节的需要。客人初到，主人致欢迎词，活动结束，客人致答谢词，这已成为社会交往尤其是国际交往中的必要礼节。

(二)答谢词的格式和写法

答谢词由标题、称呼、正文、结尾、署名和日期五个部分组成。

1. 标题

答谢词的标题主要有两种形式。
(1) 文种式，直接用"答谢词"作标题。
(2) 致辞者加场合加文种式，如"×××在答谢宴会上的讲话"。有时也可用"答词"作标题。

2. 称呼

写致谢对方的姓名、头衔。有时也可用泛称，如"朋友们，同志们""尊敬的女士们、先生们"等。

3. 正文

首先，对欢迎或欢送表示感谢，或对自己及其随行人员在活动期间受到的热情款待表示感谢。其次，回顾活动主要内容及取得的重要成果，对主人方面做出的成绩和贡献表示赞赏。最后，表明自己对巩固和发展友谊、加强合作的打算和愿望。

4. 结尾

再次表示感谢，并向对方致以衷心的祝愿。

5. 署名和日期

写上致词者的姓名，一般要注明其身份。在署名下写年、月、日。

(三)答谢词的写作要求

1. 要有针对性

答谢词要根据活动期间的主要内容来行文，不能漫无边际。如告别答谢词要表达辞行惜别之情，要感谢对方的盛情款待与周到安排，必要时还可含蓄地表达邀请对方之意。

2. 要注重礼貌礼节

这主要体现在得体的言辞和真诚的感情上。表达感谢之情，既不能言过其实，也不能通篇都是客套之语，应做到得体、有分寸。

3. 要尽量口语化

语言要通俗质朴、生动形象，适宜于口头表达，又要简洁精练、典雅庄重，必要时可适当引用一点格言、警句。

例文1

在欢迎史密斯教授来校讲学仪式上的讲话

同志们，朋友们：

今晚，我们有机会与史密斯教授欢聚一堂，感到十分荣幸。史密斯教授是美国著名的经济学家，我们的老朋友。他著述颇丰，久负盛名。首先，让我代表出席今天欢迎大会的全体同志，向远道而来的贵宾表示最热烈的欢迎和最诚挚的谢意！

多年来，史密斯教授一直关注着中国经济的发展，曾不止一次地访问中国，对我国发展市场经济提出过不少极为有益的建议。此次，史密斯教授应邀到我国访问，来我校讲学，为我们介绍西方发展市场经济的新鲜经验。我们相信，这定会进一步开阔我们的视野，对我国建立社会主义市场经济起到积极的促进作用。

我们衷心希望史密斯教授此次讲学、访问能够取得圆满成功！同时祝愿史密斯教授在我国讲学、访问期间身体健康、精神愉快、万事如意！

张大光
一九九四年三月十八日

例文2

在欢送史密斯教授回国仪式上的讲话

同志们，朋友们：

　　时光飞逝。二十天前，我们大家曾高兴地在这个礼堂集会，热烈欢迎史密斯教授。今天，在史密斯教授讲学结束并访问了我国许多地方之后，我们又欢聚一堂，感到特别亲切和愉快。

　　史密斯教授是我们的一位老朋友，他非常熟悉我们各方面的情况。这次，他在我校的讲学非常成功，使我们受益匪浅。在此我代表全校师生向他表示衷心的感谢！

　　在我国访问期间，史密斯教授认真考察了我国的经济、文化和教育等方面的情况，我们诚恳地希望史密斯教授给我们提出批评、指导，以便改进我们的工作。

　　史密斯教授将于明天启程回国，在与史密斯教授分别之际，我们借此机会，请他转达我们对美国人民的深情厚谊，转达我们对美国人民的亲切问候和良好祝愿。祝愿美国人民幸福、欢乐！

　　我们欢迎史密斯教授再度访问中国！

　　最后祝愿史密斯教授回国途中一路平安！

张大光
一九九四年四月七日

例文3

答 谢 词

佩里先生：

　　我们对美国的访问即将结束，并将很快返回中国。在临别前夕我谨代表我的同事并以我个人的名义，对您在我们访问期间所给予的热情款待表示感谢！我相信，我们这次访问将有利于进一步加强双方在汽车贸易方面的合作。我和我的同事们盼望不久的将来能有幸在中国欢迎您,从而使我们之间的合作关系继续向前推进。

　　谨致美好的祝愿!

　　顺祝身体健康!。

中国汽车贸易代表团
团长:李光明
1993 年 9 月 5 日

第七节
讣告、悼词和唁函(电)

一、讣告

(一)讣告的概念和作用

讣告是逝世者的家属、单位或治丧委员会把逝世者去世的消息告知其生前的亲朋好友、有关单位及个人的一种报丧文书。"讣"是报丧的意思,故又称讣闻、讣文。

讣告的作用是向有关人员或社会公开某人的死讯,便于有关人员或部门举行或参加悼念活动。

(二)讣告的格式和写法

讣告一般由标题、正文、结尾、署名和日期四个部分组成。

1. 标题

(1) 文种式,即以"讣告"二字做标题。这种写法较为常见,称为一般性讣告,可以张贴、登报或分发给亲朋好友。

(2) 公告式,由发文单位加公告组成,如"中共中央 全国人大常委会 国务院 全国政协讣告 李鹏同志逝世"。这种写法称为公告式讣告,适用于党和国家主要领导人的逝世,通常由讣告、治丧委员会公告和治丧委员会名单三个文件组成,由报纸、广播和电视等媒体公布。

(3) 新闻式,由逝世者的身份、姓名加逝世的地点加逝世二字组成,如"×××同志逝世""全国政协副主席 九三学社名誉主席 周培源同志在京逝世"等。这种写法称为新闻报道式讣告，适用于在社会上有一定知名度的逝世者，以"新华社电"或"本报讯"的形式，在报纸上刊登，也可在广播电视新闻中播出。

有时以发文机关的"告全国人民书"的形式做讣告标题。

2. 正文

讣告的正文应写明以下三个方面的内容。

（1）逝世者的姓名、身份，逝世的原因、时间（年、月、日、时、分）、地点和终年岁数。终年也有写作享年的，意为享受过的有生之年，终年指逝世时已活到多少岁。享年一般表达敬重之情，终年有时可表达痛惜之意。

（2）逝世者的生平事迹。重要人物、知名人士要概括叙述其重大的具有代表性的经历、贡献并作出恰当的评价。普通人士则略写或不写。

（3）吊唁、开追悼会或举行遗体告别仪式的办法、时间和地点。如根据逝世者的遗愿，不召开追悼会、不举行遗体告别仪式，也要写明。

3. 结尾

一般写上"特此讣告"或"谨此讣闻"。可以紧接着正文书写，也可另起一行空两格书写。公告式讣告则写成："某某某同志永垂不朽！"

4. 署名和日期

写明发讣告的单位名称、个人姓名或治丧委员会名单并注明发出讣告的具体时间。

（三）讣告的写作要求

1. 要了解情况，慎重行文

写作讣告要准确了解三个方面的情况：一是逝世的原因、时间和地点；二是逝世者的生平、经历和事迹；三是吊唁、开追悼会或举行遗体告别仪式的时间、地点及相关情况。对逝世者的评价尤其要慎重，一般要经过逝世者亲属的证明，有时还要由有关部门或领导审定。

2. 语言简朴，感情哀痛

讣告是报丧文书，故语言要精练、简洁、准确；行文语气要沉重、严肃，字里行间应饱含哀痛之情、痛悼之意。

3. 要用白纸黑字书写，加上黑边

白纸黑字显得庄重、严肃，在张贴或登报时加上粗黑的边框，显得肃穆、哀婉，能有效增加哀痛、伤悼的情感。

二、悼词

（一）悼词的概念和作用

悼词是对逝世者表示祭奠、悼念的一种专用文体。悼词有广义与狭义之分。广义的悼词是指一切怀念逝世者的文章，狭义的悼词专指在追悼会上祭读的、对逝世者表示哀悼的文章。

悼词的作用是追溯并评价逝世者的生平事迹，表达对逝世者的缅怀与敬意，激励和教育生者。

（二）悼词的格式和写法

悼词一般由标题、正文和结尾三个部分组成。

1. 标题

（1）直接以"悼词"作为标题。

（2）以"在×××同志追悼大会上的悼词"作为标题。这时可以在标题下写明致词者的姓名。

（3）以"×××在追悼×××同志追悼会上的悼词""×××悼×××词"作为标题。这时可在题下用括号注明致词的日期。

2. 正文

首先，要写以什么样的心情悼念什么人，然后简述逝世者的身份、职务，逝世的原因、时间、地点和享年等。

其次，按时间顺序概述逝世者的生平，包括出生年月日、籍贯、学历，重点介绍其生前重要事迹和贡献，并对其一生作出恰切的评价，赞扬其高尚品德和可贵的精神风貌。

最后，表达对逝世者的悼念之情，对其家属进行慰问，号召人们学习其高尚的精神品德，继承其遗志，并化悲痛为力量。

3. 结尾

一般以"×××同志永垂不朽""×××同志安息吧""×××同志永远活在我们心中"等惯用语结束全文。

（三）悼词的写作要求

1. 内容要绝对真实

写悼词一定要尊重事实、尊重逝世者，有高度负责的精神。悼词一般持称赞态度，主要述其成绩与贡献、赞颂其美德。对其一般的缺点错误，通常避而不谈；对其犯过的重大错误，用婉转、笼统的词语点到为止。因此，写悼词要认真查阅有关材料或开展必要的调查研究，巧妙处理好不虚美、不隐恶这个关键性的原则问题。

2. 感情要真挚悲壮

悼词是最富有感情的文章，字里行间要渗透着悼念之情，因此对逝世者要有真情实感，不能皆不由衷，要从其生前平凡的事迹中表达出不平凡的精神品德，写出感动人心的悼词来。但是，也不能一味宣泄悲伤之情、哀痛之意，要做到哀而不伤、悲而不惨，要以化悲痛为力量的思想感情为基础，要对后人有所激励和鞭策。

3. 语言要庄重朴实

悼词是要照原文宣读的，不可边念边解释，因此语言要庄重素朴，要口语化，不能浮夸雕饰。同时要注意词语的轻重程度和感情色彩的倾向性，如"病故"与"逝世"、"伟大的贡献"与"一些贡献"、"重大损失"与"一大损失"等，其感情色彩与轻重程度是有所差异的。

4. 初稿要经过审阅

悼词的初稿写成后，多数要经过相应机关或部门审阅，要征求家属意见，然后才能定稿。

三、唁函（电）

（一）唁函（电）的概念和作用

唁函（电）是向逝世者的家属、亲友表示吊唁的信函、电报。唁函（电）有两种：一种是以机关、团体或企事业单位的名义发的唁函（电），致哀对象大都是逝世者生前所在的机关、团体或企事业单位的主要领导人；另一种是以个人名义发的唁函（电），发唁函（电）者与逝世者生前交往密切，或曾受其教诲、帮助。

唁函（电）的作用是对逝世者表达哀悼之情，向逝世者的家属、亲友表示安慰与问候。

（二）唁函（电）的格式和写法

唁函（电）一般由标题、称呼、正文、结尾、署名和日期等五个部分组成。

1. 标题

唁函（电）的标题通常有两种写法。

(1) 文种式，只写"唁函"或"唁电"二字作标题。
(2) 收函（电）的单位名称或个人姓名加文种式，如"致×××的唁函（电）"。

2. 称呼

写收唁函（电）的单位名称或逝世者的家属姓名。

3. 正文

首先，直接抒写得知噩耗的悲痛之情和悼念之意。
其次，简述逝世者生前品德和业绩，以激起人们的缅怀和思念。
最后，表达继承逝世者遗志、遗愿的决心和行动，向逝世者的家属表示亲切慰问。

4. 结尾

唁函（电）的结尾，一般写"特电慰问""特此唁慰"等惯用语，或写希望逝世者家属"节哀""保重"之类的话语。也可不写结语。

5. 署名和日期

在结尾右下方写发唁函（电）的单位名称或个人姓名，并在其下方写明年、月、日。

（三）唁函（电）的写作要求

1. 要抓住重点

唁函（电）是为悼念逝世者而作，但不要写成悼词，不要过多铺陈逝世者的生平和事迹，重点是评价其品德、精神和功绩。

2. 要适当回避

唁函（电）是为安慰逝世者的亲属而作，因此，要尽量回避可能引起对方悲哀、伤痛的话语，不宜询问逝世者的伤病情况和去世时的细节。

3. 要感情诚挚

唁函（电）要富有感情色彩，要表达出深沉的悼念和真挚的慰问之情。语言要简洁纯朴、情真意切，不可用太多的修饰语。

例文1

鲁迅先生讣告

鲁迅（周树人）先生于一九三六年十月十九日上午五时三十五分病瘁于上

海寓所,享年五十六岁。即日移置万国殡仪馆,自二十日上午十时至下午五时为各界瞻仰遗容的时间。依先生的遗言"不得因为丧事收受任何人的一分钱",除祭奠和表示哀悼的挽词花圈等外,谢绝一切金钱上的赠送。谨此讣闻。

鲁迅先生治丧委员会

蔡元培　内山完造　宋庆龄

Ａ．史沫特莱　沈钧儒　萧参

曹靖华　许季茀　茅盾　胡愈之

周作人　周建人

(摘自《鲁迅的五大未解之谜》,东方出版社2003年版,第324页。)

例文2

悼　　词

同志们、朋友们:

我们怀着万分悲痛的心情,追悼在执行一项重要任务时光荣牺牲的高级工程师林成胜同志。

林成胜同志1926年出生于上海,六岁时他随叔父去美国,1948年毕业于美国耶鲁大学。新中国成立后不久,他回到祖国,走上了革命的道路。从那以后,他一直献身于外交工作和援外工作。他的足迹遍及亚洲和非洲的许多国家。他坚持不懈地致力于发展和加强中国与这些国家之间的友谊和合作,赢得了人们的高度赞扬。

林成胜同志1984年奉派去一个非洲国家,援建一座公路大桥。7月26日,由于施工的脚手架倒塌,他以身殉职。

我们追悼林成胜同志,一定要学习他全心全意为人民服务的崇高品质。林成胜同志一贯勤恳,任劳任怨,大公无私,谦虚谨慎,平易近人,以身作则,艰苦朴素,是我们学习的好榜样。

林成胜同志和我们永别了。我们一定要化悲痛为力量,紧密地团结起来,为实现社会主义祖国的四个现代化而努力奋斗。

林成胜同志,安息吧!

林成胜同志永垂不朽!

×××

××××年××月××日

例文3

致 周 恩 来

恩来同志：

　　十七日电悉。尊翁逝世，政治局同人均深致哀悼，尚望节哀。重病新愈，望多休息，并注意以后在工作中节劳为盼。

毛泽东
十七日二十四时

（摘自《毛泽东书信选集》，人民出版社1983年版，第196页。）

训练设计

1. 自拟条件，分别写一封介绍信和证明信。
2. 自拟条件，分别写一封助学贷款申请书和倡导大学生阅读经典名著的倡议书。
3. 自拟条件，分别写一封感谢信和慰问信。
4. 自拟条件，分别写一封贺信和祝词。
5. 请柬和聘书的写作要求各是什么？
6. 欢迎词、欢送词和答谢词各有什么写作要求？
7. 讣告和悼词的写作要求各是什么？在感情表达和语言运用上有什么区别？
8. 唁函（电）的作用是什么？其正文内容是什么？

第八章　法律应用文

章节说明

　　法律是维护和实现自身合法权益的武器，武器是用来防身的，不到迫不得已不需要使用，但我们需要有它。本章各节内容是我们在生活中可能遇到的各种法律事务，必要时可以用这些法律应用文来保护自己或帮助别人，但希望所有人都不会遇到这样的"必要"。

教学建议

　　建议教学时安排八课时，每节两课时。

第一节
起　诉　状

一、起诉状的概念

　　起诉状是公民、法人或者其他组织为维护和实现自身的合法权益，向人民法院提起诉讼的文书。需要注意的是，维护和实现自身权益的手段除了提起诉讼，还有调解和仲裁，一般情况下，能够调解的就不要仲裁，能够仲裁的就不要诉讼。我国相关法律规定，有关劳动争议的案件必须经过仲裁程序，未经仲裁的人民法院不得受理，只有在当事人一方对仲裁结果不服的情况下才可以提起诉讼。所有这些规定的出发点都是尽量避免诉讼，不到迫不得已不要打官司。

起诉状是人民法院受理案件的依据，也是法院审判程序的开始。除了起诉状，能引起法院审判程序的还有人民检察院代表国家提起公诉时的起诉书。

二、起诉状的种类

起诉状包括民事起诉状、刑事自诉状、刑事附带民事起诉状和行政起诉状。

1. 民事起诉状

民事起诉状是民事原告为维护自身的民事权益，就有关民事权利和义务的纠纷，依法向人民法院递交的书面诉讼请求。《民事诉讼法》第一百二十三条规定："起诉应当向人民法院递交起诉状，并按照被告人数提出副本。书写起诉状确有困难的，可以口头起诉，由人民法院记入笔录，并告知对方当事人。"第一百二十四条规定："起诉状应当记明下列事项：（一）原告的姓名、性别、年龄、民族、职业、工作单位、住所、联系方式，法人或者其他组织的名称、住所和法定代表人或者主要负责人的姓名、职务、联系方式；（二）被告的姓名、性别、工作单位、住所等信息，法人或者其他组织的名称、住所等信息；（三）诉讼请求和所根据的事实与理由；（四）证据和证据的来源，证人姓名和住所。"这是制作民事起诉状的法律依据。

2. 刑事自诉状

刑事自诉状是刑事案件的自诉人（即原告、受害人）或其法定代理人，根据事实和法律直接向人民法院提起诉讼，指控被告人的犯罪行为侵犯了自己的合法权益，要求追究被告刑事责任的法律事务文书。刑事自诉状一般涉及人民检察院没有提起公诉、被害人有证据证明的轻微刑事案件，侮辱、诽谤案，暴力干涉婚姻自由案，虐待案，侵占案等受害人告诉法院才受理的案件，以及被害人有证据证明对被告人侵犯自己人身、财产权利的行为应当依法追究刑事责任，而公安机关或者人民检察院不予追究被告人刑事责任的案件。

3. 刑事附带民事起诉状

在刑事案件中，由人民检察院代表国家向人民法院提起公诉，追究犯罪嫌疑人的刑事责任。但犯罪嫌疑人的行为同时给被害人造成的经济损失等民事责任，人民检察院不能提起公诉，被害人可以放弃，也可以追究。追究的方式有两种：一种是被害人书写刑事附带民事起诉状交公诉机关一并起诉，由人民法院合并审理；另一种是单独提起民事诉讼。

刑事附带民事起诉状必须在一审判决宣告前提起，一审已经宣告了就只能单独提起民事诉讼。一般情况下，刑事附带民事起诉状在公诉机关向人民法院提起公诉前提交到公诉机关，由公诉机关将其和公诉书一并提交到人民法院。

4. 行政起诉状

行政起诉状，就是公民、法人或者其他组织（即行政相对人）认为行政机关及其工作人员的具体行政行为侵犯其合法权益，依法向人民法院提起行政诉讼，请求法院作出裁判的文书。

《行政诉讼法》第四十九条规定了提起诉讼应当具备的条件，其中明确提出要"有具体的诉讼请求和事实根据"，这是对制作行政起诉状的基本要求。

三、起诉状的结构与写法

（一）民事起诉状

民事起诉状由首部、正文和尾部三部分组成。

1. 首部

首部包括文书名称与当事人身份事项等内容。

（1）文书名称，应当居中写"民事起诉状"字样，也可以只写"起诉状"，或者写起诉事由＋起诉状，如"离婚起诉状"。

（2）原告的身份事项。原告如果是具有民事行为能力的公民，应写明姓名、性别、年龄、民族、职业、工作单位、住所、联系方式。原告若是无民事行为能力人或者限制民事行为能力人的，还应写明法定代理人的姓名、性别、出生年月日、职业、工作单位及其同原告的关系。原告是法人或者其他组织的，则应写明单位全称、住所和法定代表人或主要负责人的姓名、职务、联系方式。写明这些事项的目的是明确是谁提起诉讼的。

（3）被告的身份事项。其内容与要求与原告各项基本相同，目的是让法官明确被告是谁，不至于搞错。如果不知道被告的年龄、联系方式可以不写，但一定要有姓名或名称，住所或地址（自然人要写姓名、住址，法人或其他组织要写名称、地址），以方便人民法院调查或寄送司法文书。

（4）案件有第三人时，要写明第三人的身份事项，其各项要求与原告相同。所谓第三人，是指与案件有直接利害关系的人。比如借款合同中的担保人，如果债务人到期不能还款，债权人向人民法院提起诉讼，就应该把担保人列为第三方，如果人民法院判定债务人违约，但债务人确实无还款能力，担保人作为第三方就负有连带责任，必须替债务人还款。

2. 正文

正文是诉状的主体部分，包括诉讼请求，事实与理由，证据和证据来源、证人姓名和住所三个部分。

(1) 诉讼请求。诉讼请求是起诉人请求人民法院解决民事权益的具体事项，即起诉人所要达到的目的和要求。诉讼请求的写作要注意以下几点。一是明确请求的对象。要知道这个请求不是向被告提出的，而是向人民法院提出的，所以在写作时不能写请求被告怎么样，而是写请求人民法院判令被告怎么样。二是诉讼请求要明确。比如请求判令被告偿还欠款，不能只写"请求判令被告偿还欠款"，而必须写"请求判令被告偿还欠款及利息××元"。三是要按由主到次的顺序，分条列项地去写。一般情况下，诉讼请求至少有两条，第一条涉及争议的核心问题，最后一条都是"案件受理费用由被告承担"。四是诉讼请求要简洁。只写请求，不写理由，理由放在下文详细写。

此外，如有必要申请财产保全（即诉讼保全）或者先行给付的，应作为一项独立的要求提出来，如在立案后才提诉讼保全或先行给付，则应另写申请书。

(2) 事实与理由。事实是指双方争议的事实或被告侵权的事实及其证据。这是人民法院审查并决定是否受理案件的依据，也是解决双方争议问题的前提，应当写明双方产生民事法律关系的时间，民事法律关系的主要内容，发生纠纷的原因、经过和现状；侵权纠纷应当写明侵权人实施侵权行为的时间、经过、情节和造成的损害后果。叙述事实应当实事求是。写作时要围绕当事人之间争执的焦点，按时间顺序或争议焦点综合归纳。要突出重点、主次分明，特别是要把争议的焦点和各自的观点写清楚。还要写明被告应承担的责任，如原告自己有一定责任，亦应提及，不能将过错完全推给被告。

理由应当写明起诉人对纠纷或者争议以及是非责任的看法，提出支持其诉讼请求的法律依据。讲清楚事实之后，应概括地分析纠纷的性质、危害、结果及责任，同时提出诉讼请求所依据的法律条款，以论证诉讼请求的合理合法。认定案件事实之后，可以套用以下说法："综上所述（分析说明纠纷的性质、危害和后果），根据××法第××条第××款第×项规定（说明被告应负的责任），请求人民法院依法裁决……"，以实现诉讼请求。

(3) 证据和证据的来源、证人姓名和住址。事实必须用证据来证实。所谓证据，就是证明所叙事实的真实性、可靠性的依据，它决定着诉讼的胜负。根据"谁主张，谁举证"的原则，原告负有举证责任。证据包括证人证言、物证、书证等。物证就是物品，书证就是书面的证据，比如合同、发票、收据等。对证据的要求是：

① 要列举证据名称和内容，证明何事；
② 要说明证据的来源和可靠程度；
③ 要写明证人的姓名、职业、住所，以便于调查；
④ 要提交证据原件或复印件，一般是先提交复印件或抄件，到开庭时才提交原件。

对证据的书写，一般是叙述事实时要随时列举证据。可在叙述事实中，用括号加以注明，也可在叙述事实之后，单列一段来交代证据。

原告如认为证据有可能丢失或以后难以取得，在起诉时可以申请证据保全。

3. 尾部

根据原告就被告的原则，起诉状的致送法院一般为被告所在地的基层人民法院。尾部包括致送法院名称、起诉人签名盖章、起诉时间和附项。附项这部分写明下列事项：① 本状副本×份；② 物证×件；③ 书证×件。

附于起诉状正本的依据，如用抄件或复制件，应注明"经查对，抄件与原件无异，正本在开庭时递交"等字样。

例文

民事起诉状

原告：×××，男，19××年××月××日生，×族，××县人，住××省××县××乡××村，身份证号码：××，电话××。

被告：××有限责任公司，住所地：××市××区××大道××号，法定代表人：朱××，系该公司经理。

诉讼请求：

1. 请依法判决被告向原告支付劳务工资陆拾捌万元整（￥680000）；
2. 本案的案件受理费用由被告承担。

事实与理由：

2013年3月，被告将其承建的"××村土地置换工程项目收尾及部分零星工程"一次性分包给原告施工，并委托其工程项目负责人周×与原告签订了《建筑施工协议书》，加盖了原告单位项目部印章。根据协议约定，原告包工包料，对××村土地置换工程项目中28、31号楼等收尾及零星工程负责施工，并对土地上施工的工程部分进行修复等，工期约定为40～50天内完成。合同签订后，原告积极组织工人进行施工，并按时、按量完成了工程内容。但被告却未能按照合同约定向原告结算工程款，包括工人工资等都没有及时向原告支付。直到2014年春节前，原告在向被告催要工程款无果的情况下，带领工人进行上访。××镇政府出面协调，并借给被告45万元整，于2014年1月30日支付给原告，用作民工工资发放。2014年2月6日，原告再次向被告催讨剩余工程款时，被告在无钱支付的情况下，由其项目负责人周×向原告出具了一份欠条，载明"今欠××工程民工资壹佰壹拾叁万元，￥1130000元，××镇已付肆拾伍万元正，￥450000元，下欠陆拾捌万元正，￥680000元，此据，欠款人：周×"。然而，欠条出具后，至今为止，被告也未向原告支付剩余民工工资。

综上所述，原告现依据法律规定，特诉至你院，请你院能够依法裁决，支持原告的诉讼请求，维护民工的合法权益。

此致

××人民法院

具状人：×××

二○一四年五月二十八日

副项：
1. 本诉状副本一份。
2. 书证一份，周某所具的欠条。

简析：
这份起诉状格式规范，内容完备，事实和理由部分抓住了重点。

（二）刑事自诉状

根据最高人民法院制定的《法院刑事诉讼文书样式（样本）》的规定，刑事自诉状由首部、正文和尾部组成。

1. 首部

首部应当依次写明：① 标题，居中写"刑事自诉状"；② 当事人的身份事项，即自诉人、被告人、代为自诉人的姓名、性别、出生年月日、民族、出生地、文化程度、职业或者工作单位和职务、住址等身份信息。

2. 正文

正文是文书的核心，应依次写明：案由和诉讼请求，事实与理由，证人的姓名、住址及其他证据的名称、来源。

（1）案由和诉讼请求。案由，应写明控告人犯了什么罪。诉讼请求，应写明请求人民法院依法追究被告人的刑事责任，但不需要写具体的刑罚。叙写这部分内容注意：请求应当明确具体。一件刑事自诉案件有两个以上案由的，可以一一列出；有两个以上被告人的，应当逐项写明。

（2）事实与理由。事实与理由是刑事自诉状的核心内容。事实，应写明被告人犯罪的时间、地点、侵害的客体、动机、目的、情节、手段及危害结果。有附带民事诉讼内容的，还应写清楚为什么应由被告人承担民事赔偿责任等。

叙写事实与理由应注意以下问题。一是叙写事实应当实事求是，如实反映案件情况。二是应依据法律严格区分罪与非罪，切忌将非罪材料写入犯罪事实。三是叙写犯罪事实应当写明被告人实施犯罪的时间、地点、侵害的客体、动机、目的、手段、情节和危害结果等。

阐述理由应注意以下三点：一要依据事实，说明被告人犯罪行为的性质、危害；二要完整、具体、准确地引用法律条款；三要向人民法院重申自己的诉讼请求。

（3）证人的姓名、住址及其他证据的名称、来源。证人的姓名、住址，应写得清楚、准确，并说明证人可以证明的问题。其他证据，应当写明证据的名称、种类、来源及所要证明的问题。

3. 尾部

尾部包括结尾和附项。尾部应当依次写：① 致送人民法院的名称；② 自诉状副本的份数、证件等；③ 自诉人或者代为自诉人签名或者盖章；④ 自诉状的具体时间。

例文

刑事自诉状

自诉人：刘××，男，50岁，×族，××市人，××厂职工，住本市××路×××号，邮政编码：×××××××。

被告人：王××，男，30岁，×族，××市人，××厂工人，住本市××路×××号，邮政编码：×××××××。

案由和诉讼请求：

侮辱诽谤，请依法制裁。

事实与理由：

自诉人与被告人是邻居，自本年××月，我家迁入现住址后，就不断遭到被告人王××的公然侮辱和诽谤。第一次是××月××日，因被告人在公用的卫生间内堆满各种杂物，妨碍他人进入使用，我向他建议，希望他把堆置的杂物移出一部分。被告人置之不理，口出秽言。我向居委会反映，要求调解。居委会来人查看属实，向被告人提出应当搬走杂物。不料他大为不满，看到我把他放在我家门口的三个坛子向他家门口移动了一下，他就以污言秽语向我夫妇大骂。我为了邻里间的和睦相处，未跟他计较，但他以为我软弱可欺，竟变本加厉，于××月××日至××月××日，前后五次侮辱、诽谤我，还搞恶作剧，如故意把垃圾杂物堆在我家门口。我向他提建议，他就破口大骂，什么"乌龟""王八蛋""臭女人"等，不堪入耳。我向居委会和他的工厂反映多次。他们说被告人从来都是蛮不讲理，对他没有办法。因此，我不得不诉诸法院，请求法律保护。

以上事实，有左邻右舍的人看到，有居住××室的许××、居住××室的何××等可作证，居委会调解主任肖××也可作证。被告人王××多次进行侮辱诽谤，蛮不讲理，不听劝阻，还在发展之中，情节相当严重，触犯了刑法第二百四十六条，已构成公然侮辱罪，据此提起自诉，请依法惩处。

此致

××区人民法院

自诉人：刘××

20××年××月××日

附：

1. 本状副本1份。
2. ××居委会证明1件。
3. 邻居许××、何××可证明。

简析：

例文列举的事实属于邻里纠纷，还没有达到必须提起公诉的程度，所以只能提起刑事自诉。案件事实清楚，情节也不复杂，理由合理合法。自诉状的格式也完备规范，语言得体。

（三）刑事附带民事起诉状

刑事附带民事起诉状的格式写法与一般民事起诉状基本相同，只是在当事人的"原告人"和"被告人"前加"刑事附带民事"字样。

例文

刑事附带民事起诉状

刑事附带民事原告人：王×军，男，×族，19××年××月××日出生，××县人，农民，住××市××区××乡××村，身份证号码：××。

刑事附带民事被告人：王×前，男，汉族，19××年××月××日出生，×族，小学文化，务农，住××市××区××乡××村二组。

诉讼请求：

依法判令被告人赔偿原告人医疗费等各项损失10790.8元（具体见明细）。

事实与理由：

2003年3月5日，王×军代表××村古三组与定远县年家岗镇水产养殖场签订了一份《高塘湖水面承包合同书》，约定：定远县年家岗镇水产养殖场向乙方提供高塘湖水面500亩，南与房家西B点交界，西与长丰县交界，北与淮南交界，东与郭如雷家交界，交由王×军为代表的××村承包，承包期为5年。

合同签订后不久，王×军便向定远县年家岗镇水产养殖场支付了承包费，可承包的水面却被王×前、王×才等人非法强行霸占，无法行使经营权。

2011年6月1日，为了对承包的上述水面进行经营，原告人王×军在上述承包水面进行插杆、拉围。6月3日，原告人王×军与其子王×敏、亲戚王×周等多人乘船到承包水面准备继续插杆、拉围，但到达水面时，却发现王×前等人在拔他们原先插好的杆。见状，王×军上前与王×前等人理论，但没等说几句话，王×前等十几个人上来就用酒瓶朝王×军等人砸击，并用铁锨、钢叉等工具对王×军船上的王×周、王×敏等人进行殴打，当场用钢叉将王×敏左大腿刺穿，将王×周左膝外侧软组织刺伤，并将两人打入水中，长时间不让他们上船。原告人王×军当日被王×前一伙殴打致头部软组织挫伤，身体多处皮肤擦伤。

事发后，原告人王×军被送到淮南东方医院集团肿瘤医院住院治疗，经过对症治疗，原告人在住院13天后出院。2011年7月7日，被告人因涉嫌聚众斗殴罪被刑事拘留，现羁押于淮南市看守所。

综上所述，原告人因承包水面长期被被告霸占，现又被被告人等殴打致伤，可见原告人不仅遭受巨大的经济损失，而且在精神、心理上都遭受巨大的打击。然而，对于原告人的这些损失，被告人等并没有给予任何赔偿。据此，原告人现依法起诉，请求法院支持原告人的诉讼请求，判令被告人赔偿损失。

此致
××人民法院

原告人：王×军
2012年2月28日

关于王×军损害赔偿明细：
1. 医疗费：2376.69元；
2. 误工费：17113÷365×90＝4219.64元；
3. 住院伙食补偿费：13×20＝260元；
4. 营养费：260元；
5. 护理费：17113÷365×13＝609.5元；
6. 交通费：65元；
7. 精神抚慰金：3000元。
合计：10790.83元。

简析：

这是一份刑事附带民事起诉状，案件事实经过详细，有理有据，起诉状格式规范。

（四）行政起诉状

行政起诉状由首部、正文和尾部三部分组成。

1. 首部

行政起诉状首部的写法与民事起诉状的写法基本相同，但要注意把被告信息写准确。根据《行政诉讼法》第二十六条的规定，作出行政行为的行政机关是被告。经复议的案件，复议机关决定维持原行政行为的，作出原行政行为的行政机关是被告；复议机关改变原行政行为的，复议机关是被告。两个以上行政机关作出同一行政行为的，是共同被告；行政机关委托的组织所作出的行政行为，委托的行政机关是被告；行政机关被撤销或者职权变更的，继续行使其职权的行政机关是被告。原告在起诉时并不知道被告法定代表人姓名的，在起诉状中可以不写。

2. 正文

正文由诉讼请求、事实与理由、证据等组成。

（1）诉讼请求。诉讼请求要围绕被告"具体行政行为是否合法"提出要求。如果认为被告的具体行政行为侵犯了自己的合法权益而造成经济损失，可以提出判被告赔偿的诉讼请求；如果认为所作出的行政处罚有失公正，可以提出判被告变更行政处罚的请求；如果认为被告不履行或者拖延履行法定职责，可以提出判被告在一定期限内履行法定职责的诉讼请求；如果认为被告的具体行政行为所依据的主要证据不足，适用法律、法规错误，违反法定程序，或者超越职权、滥用职权等，可以提出撤销或者部分撤销具体行政行为的诉讼请求。

（2）事实与理由。叙写事实，应把被告行政机关及其工作人员侵犯原告合法权益的事实经过、原因及其结果，客观地、实事求是地写出。

阐述理由应根据不同的案情有针对性地进行论述。首先应提出对具体行政行为的不服之处，然后说明行政机关处理（或处罚）的错误所在，表明自己的行为不应受到此种处理（或处罚）。

（3）证据。《行政诉讼法》第三十四条规定，"被告对作出的行政行为负有举证责任，应当提供作出该行政行为的证据和所依据的规范性文件"，因此，行政诉讼中的举证责任在被告行政机关。但是，这并不等于说原告不需要举证。为了促使人民法院查明事实，分清是非，正确地适用法律，对案件作出公证的裁决，原告举证也是案件审理过程中必不可少的一个环节。请求被告赔偿的，应当就损害情况举证。

3. 尾部

尾部的写法与民事起诉状基本相同，但要附被告作出的具体行政行为的书面文书。

例文

行政起诉状

原告：许×胜，男，×族，19××年××月××日出生，安徽长丰人，住淮南市××区××乡××村三组12号，身份证号码：××。

被告：淮南市人力资源和社会保障局，住所地：淮南市××区××路36号，法人代表杨×生，该局局长。

案由：工伤行政确认纠纷。

诉讼请求：

1. 判令被告依法履职，对许×峰在驾驶淮南东鑫物流有限公司皖D23960号牌重型运输车辆时因工伤死亡进行工伤认定；

2. 判令被告承担本案全部诉讼费用。

事实与理由：

原告系死者的法定继承人。死者许×峰生前长期受柏×坤雇佣，为其驾驶挂靠在淮南东鑫物流有限公司的皖D23960号牌重型半挂牵引车/皖A4K33重型自卸半挂车。

2014年10月7日8时35分，许×峰驾驶淮南东鑫物流有限公司重型货运车辆［皖D23960号牌重型半挂牵引车/皖A4K33重型自卸半挂车］沿长丰县双墩镇高塘至下店公路由西向东行驶至北苑村路段右拐弯时，车辆左侧翻到东边路下，致许×峰受伤，后经抢救无效于当日死亡。

许×峰去世后，原告多次要求淮南东鑫物流有限公司为其申报工伤，该公司拒绝申报。原告无奈，只好向被告自行申报工伤。但被告告知原告需要首先确认劳动关系。原告经向淮南市劳动仲裁委员会、淮南市谢家集区人民法院、淮南市中级人民法院申请仲裁和诉讼，以确认劳动关系。

经淮南市中级人民法院阐明，根据《最高人民法院行政审判庭关于劳动行政部门在工伤认定程序中是否具有劳动关系确认权请示的答复》［（2009）行他字第12号］的相关规定，被告在工伤认定程序中，具有认定受到伤害的职工与企业之间是否存在劳动关系的职权，无须另行起诉确认劳动关系。同时，根据最高人民法院行政审判庭《关于车辆挂靠其他单位经营车辆实际所有人聘用的司机工作中伤亡能否认定为工伤问题的答复》［（2006）行他字第17号］"个人购买的车辆挂靠其他单位且以挂靠单位的名义对外经营的，其聘用的司机与挂靠单位之间形成了事实劳动关系，在车辆运营中伤亡的，应当适用《劳动法》和《工伤保险条例》的有关规定认定是否构成工伤"，《最高人民法院关于审理工伤保险行政案件若干问题的规定》［法释（2014）9号］第三条第一款第五项

"社会保险行政部门认定下列单位为承担工伤保险责任单位的，人民法院应予支持……（五）个人挂靠其他单位对外经营，其聘用的人员因公伤亡的，被挂靠单位为承担工伤保险责任的单位"，第二款"前款第（四）、（五）项明确的承担工伤保险责任的单位承担赔偿责任或者社会保险经办机构从工伤保险基金支付工伤保险待遇后，有权向相关组织、单位和个人追偿"等相关法律文件规定，原告依法可以直接申请工伤认定。

2015年10月19日，原告向被告申请工伤认定，被告工伤生育保险科拒绝接受原告的申请材料。原告无奈，只好向被告寄送工伤认定申请书及相关证据材料，但被告工作人员无理拒收。根据《工伤保险条例》第二十条"社会保险行政部门应当自受理工伤认定申请之日起60日内作出工伤认定的决定，并书面通知申请工伤认定的职工或者其近亲属和该职工所在单位"之规定，被告应当依法履职，将死者许×峰因工死亡依法认定为工伤，以便原告依法享受工伤保险待遇。但被告一再拒收原告的工伤申请材料，拒不履行法定职责，已经构成行政不作为。原告为维护合法权益，根据《中华人民共和国行政诉讼法》的相关规定向贵院起诉，请贵院依法判如所请。

此致
淮南市田家庵区人民法院

具状人：许×胜
2015年11月18日

简析：
这份行政起诉状叙述事实清楚，引用法律条文详细，思路缜密，语言得体。

四、起诉状的写作要求

写起诉状首先要找到起诉点，即起诉理由，也就是被告在案件中违法或者侵权的事实或理由，以及应承担的法律后果的法律依据；然后，在此基础上依法确定起诉人对案件的处理意见、要求、主张，即诉讼请求。这两项内容之间是认识问题和解决问题的关系。认识的最终目的是解决问题。所以，写诉状就是把被告在案件中违法或者侵权的事实或理由，与相应的法律规范"对号入座"。因此，写诉状要叙述事实准确，诉讼请求合理，理由充分。

第二节
答 辩 状

一、答辩状的概念和特点

答辩状又叫答辩书,是指民事、经济、行政等案件的被告人、被上诉人、被申诉人,针对原告的起诉状、上诉人的上诉状和申诉人的申诉状所提出的书面答复和辩解。刑事自诉案件的被告人在诉讼中是否用答辩状,法律无明确规定。但按法理应采用答辩状而不用辩护词,因此,人民法院审理刑事自诉案件有的也要求被告人提交答辩状。

答辩是一种相对于起诉、上诉和申诉的应诉行为,是被告和被上诉(申诉)人依法享有的一项诉讼权利。法律赋予当事人答辩的权利,是为了保障当事人答辩的权利,是为了保障当事人平等地行使诉讼权利,依法保护自己的合法权益,同时,允许应诉方答辩,有利于人民法院全面了解案情,正确适用法律。答辩作为当事人的诉讼权利,任何人(包括司法机关)不得非法剥夺,但当事人自己可以放弃。放弃答辩权或在法律规定的期限未能提交答辩状的,不影响人民法院对案件的审理。

二、答辩状的种类

答辩状根据内容可分为民事答辩状、刑事答辩状和行政答辩状。

民事答辩状,是民事诉讼的被告或被上诉人针对原告的民事起诉状或者上诉人的民事上诉状,作出答复和辩驳的法律文书。其作用在于反驳对方的无理或者违法的起诉或上诉,从而维护本人的合法权益。

刑事答辩状,是指刑事自诉案件的被告或被上诉人根据刑事自诉状或刑事上诉状的内容,针对原告提出的诉讼请求或上诉人提出的上诉请求作出答复,并依据事实与法律进行辩驳的法律文书。

行政答辩状,是行政诉讼的被告或者上诉的对方当事人针对原告的行政起诉状或者上诉人的行政上诉状,作出答复和辩驳的文书。

三、答辩的结构和写法

(一)民事答辩状

民事答辩状由首部、正文和尾部三个部分组成。

1. 首部

首部包括标题、当事人身份事项和案由。

标题，应当居中写明"民事答辩状"。

当事人身份事项，应当写明答辩人的姓名、性别、年龄、民族、职业或工作单位和职务、住址、身份证号码、联系方式等。答辩人是无诉讼行为能力人的，应当在其项后写明法定代理人的姓名、性别、出生年月日、民族、职业或工作单位和职务、住址及其与答辩人的关系等。答辩人是法人或其他组织的，应当写明其名称和所在地址、法定代表人的姓名、职务联系方式。

案由，应写明"答辩人因××一案，提出答辩如下……"。

2. 正文

正文是文书的核心内容，主要写明答辩理由和答辩意见。答辩理由应针对起诉状或上诉状所提出的事实、证据、理由和法律依据，据理反驳。对方诉状所列事实和理由、所提的诉讼请求，主要为以下四种情况。

（1）事实、理由、请求都合理合法，对此可放弃答辩。

（2）事实有部分虚假，则要针对虚假事实，予以驳斥。

（3）隐瞒、歪曲事实，答辩要补充事实，予以澄清。

（4）事实存在，曲解法律，要求不合理，对此应反驳其曲解部分和不合法要求。

根据上面的分析，制作时可根据案情，从以下两方面反驳。

一是针对不实之事实进行反驳。人民法院审理案件必须以事实为依据，起诉状、上诉状叙述的事实可能有失实之处，答辩状应针对该不实之处进行反驳。

二是针对适用法律不当进行反驳。凡属无理的诉讼请求难免在说理过程中出现逻辑混乱、观点和材料自相矛盾、违背常理等情况，答辩人只要能准确抓住这些问题，就可以驳斥对方的主张，使对方的诉讼理由不能成立。阐述理由时，一要列举证据、证人，二要援引法律条款作为说理的依据，不要空泛议论，不要无理狡辩。

有时答辩状不能局限于原告或上诉人所提出的材料，而应从自己这一方面提出能够驳倒对方的诉讼请求所必需的新的事实材料，并根据这些新提出的事实依法作出推翻对方诉讼请求的结论。

答辩意见可在充分阐述答辩理由的基础上，通过综合归纳，客观而明确提出自己对处理纠纷的意见和主张。一般分几个层次来写：

首先，根据事实与法律，说明自己某些行为或全部行为的合理性、合法性；

其次，指出对方指控的失实程度及其诉讼请求的不合理之处；

最后，提出自己的主张，请求人民法院依法公正裁判。

3. 尾部

尾部应依次写明：致送人民法院的名称；答辩状副本的份数；答辩人签名或者盖章；答辩日期。

例文

民事答辩状

答辩人：曹××，男，19××年××月××日生，汉族，住××市××小区××号，身份证号：××××××××。电话：××××××××。

答辩人：吴××，女，19××年××月××日生，汉族，住××市××小区××号，身份证号：××××××××。电话：××××××××。曹××与吴××系夫妻关系。

被答辩单位：徽商银行股份有限公司淮南龙湖支行，住所地：淮南市龙湖南路192号，负责人：刘×。

答辩人就被答辩单位徽商银行股份有限公司淮南龙湖支行提起抵押贷款一案答辩如下：

请求事项：

1. 请求驳回被答辩单位对于两答辩人的诉讼请求。
2. 本案诉讼费用由被答辩单位承担。

事实与理由：

大约在2010年11月，答辩人曹××的哥哥曹×向其借用房地产权证（证号0210008××），用于向被答辩单位抵押贷款，贷款期限三年。两答辩人将权证借给曹×并协助其办理了贷款抵押的手续。2013年11月或12月，两答辩人向曹×索要房产证，曹×以各种理由推脱、拖延，就是不还。直到2014年五六月份，曹×出逃，两答辩人才知道其房产证被曹×用欺骗的手段，用于以张素侠的名义继续向被答辩人单位抵押贷款，但这次抵押贷款两答辩人没有为其办任何手续，没有在任何文件上签字。用于办理他项权证的《个人借款最高额抵押合同》《房地产他项权证登记申请书》《具结书》上，两答辩人的所有签名都是假的。被答辩单位隐瞒真实情况，提交虚假材料他项权证，加上淮南市房地产管理局没有尽到尽职审查义务，在两名房屋产权所有人（答辩人）均未亲自到场的情况下，就办理了抵押贷款的他项权证，侵犯了答辩人的合法权益。为此，两答辩人于2014年7月份向田家庵区人民法院提起行政诉讼，请求撤销他项权证。法院受理后，组织安排了对曹××笔迹的司法鉴定，证明被答辩单位提供给淮南市房地产管理局材料上的曹××签字均不是曹××所为。当事人淮南市房地产管理局撤销了抵押登记（他项权证号：130219××）。

综上所述，答辩人认为，本答辩人对另一被告张素侠抵押贷款一事没有任何过错和责任，不应承担任何法律责任，恳请人民法院查明事实，依法予以驳回。

此致

淮南市田家庵区人民法院

答辩人：曹××

2015 年 6 月 4 日

简析：

这份答辩状条理清楚，在答辩中抓住了重点，即"当事人淮南市房地产管理局撤销了抵押登记（他项权证号：130219××）"，这一项即解除了答辩人基于该房产的担保义务。

例文中的黑体字"请求事项"和"事实与理由"是起诉状的写法，宜删除，"请求事项"下的两小点也应该一并删除。

答辩状中"被答辩单位"一词值得商榷。从法律术语看，没有"被答辩单位"一说，只有"被答辩人"的说法，因为法律上的人既可以是自然人，也可以是法人。

（二）刑事答辩状

刑事答辩状的写法与民事答辩状基本相同。

（三）行政答辩状

行政答辩状的写法与民事答辩状基本相同。

四、答辩状的写作要求

（一）写答辩状要找准答辩点

通过认真分析，寻求对方起诉状或上诉状在争执的关键问题上出现的违背法律或事实的关键性错误，是答辩状立意的第一步。由于起诉状和上诉状的不同，一审答辩状和二审答辩状分析的内容也不相同。一审答辩状一般针对起诉状提出的事实和理由，从论点、论据和论证三个方面，即观点、证据事实、程序事实、法律适用和逻辑运用方面，寻找答辩点。二审答辩状以上诉状为对象，而上诉状是以推翻一审裁判为目的的，因此，它就需要从事实分析、理由分析和法律处理分析上来寻找上诉状的答辩点，维护一审判决。

（二）抓住要害、反击要害

找准了答辩点，解决了"辩什么"的问题，就不会眉毛胡子一把抓。如果对方起诉状或上诉状中存在本质的、致命的问题或错误，即对方在支撑其诉讼请求、上诉请求的基本法律事实及其证据上出现了虚假、缺失，以及适用法律方面出现的不当等，就可以有的放矢了。所以，写答辩状应当在全面分析对象的基础上，就双方争执的关键问题，围绕对方在证据运用和法律适用两个方面出现的致命错误辩准、辩透，以收到事半功倍的效果。总之，抓住要害、反击要害，这是答辩状写作的根本方法。

第三节
上 诉 状

一、上诉状的概念

上诉状，是诉讼当事人或者依照法律规定有权提出上诉的其他人不服人民法院第一审判决、裁定，在法定期限内向上一级人民法院提出上诉，请求撤销、变更原裁判或重新审理的文书。

二、上诉状的种类

上诉状包括民事上诉状、刑事上诉状和行政上诉状。

民事上诉状，是民事诉讼的当事人不服人民法院第一审判决、裁定，在法定期限内，向上一级人民法院提出上诉，请求撤销或者变更第一审民事判决、裁定的文书。《民事诉讼法》第一百七十一条规定："当事人不服地方人民法院第一审判决的，有权在判决书送达之日起十五日内向上一级人民法院提起上诉。当事人不服地方人民法院第一审裁定的，有权在裁定书送达之日起十日内向上一级人民法院提起上诉。"第一百七十二条规定："上诉应当递交上诉状。上诉状的内容，应当包括当事人的姓名，法人的名称及其法定代表人的姓名或者其他组织的名称及其主要负责人的姓名；原审人民法院名称、案件的编号和案由；上诉的请求和理由。"上述法律规定是制作民事上诉状的法律依据。

刑事上诉状是指刑事诉讼案件的被告人或者依照法律规定有权提出上诉的其他人，经被告人同意，不服人民法院第一审刑事判决或裁定，在法定期限内，要求上一级人民法院撤销、变更原裁判的书面请求。同时也指刑事自诉案件的当事人（被告人或自诉人）及其法定代理人，不服人民法院第一审刑事判决或裁定，在法定期限内，提起的上诉。

《刑事诉讼法》第二百二十七条规定："被告人、自诉人和他们的法定代理人,不服地方各级人民法院第一审的判决、裁定,有权用书状或者口头向上一级人民法院上诉。"上述法律规定,是制作刑事上诉状的法律依据。

行政上诉状,是当事人(原告或被告)不服人民法院第一审行政判决、裁定,依照法定程序和期限,要求上一级人民法院撤销、变更原裁判的书面请求。

三、上诉状的格式与写法

(一)民事上诉状

民事上诉状由首部、正文和尾部三部分组成。

1. 首部

首部包括标题、当事人的基本情况和案由、原审人民法院名称、案件编号。

标题应当居中写"民事上诉状"。

当事人的基本情况分别写明上诉人、被上诉人的姓名、性别、出生年月日、民族、职业或工作单位和职务、住址等。需要注意的是,在上诉人和被上诉人称谓后应用括号注明该当事人在原审时的诉讼称谓;当事人是法人或其他组织的,应当写明其名称、地址、法定代表人或代表人的姓名和职务。

案由、原审人民法院名称、案件编号,一般可表述为:"上诉人因……(写明对方当事人姓名或者名称和案由)一案,不服××人民法院××××年××月××日×法民初定第×号判决(裁定),现提出上诉。"

2. 正文

正文是文书的主要内容,包括上诉请求和上诉理由。

上诉请求是指上诉人请求上一级人民法院解决的具体问题。叙写上诉请求应当明确、具体、完整,写明要求撤销或者变更原审裁判的具体内容。

上诉理由是文书的核心内容,应当作为重点进行论述。要针对原审裁判认定事实错误或者部分错误,提出否定或者部分否定的事实和证据;针对原审裁判适用法律不当,提出应当如何适用法律的意见;针对原审在诉讼程序上的错误,提出依法应予纠正的意见。总之,上诉理由要始终针对原裁判内容,紧紧围绕支持自己的上诉请求来叙述。

3. 尾部

尾部包括结尾和附项。应依次写明致送人民法院的名称、民事上诉状副本的份数、上诉人签名或盖章、上诉的日期。

(二)刑事上诉状

刑事上诉状的结构和写作方法与民事上诉状大致相同,写作时应注意以下几点。
(1) 文书名称写为"刑事上诉状"。
(2) 公诉案件不写"被上诉人",自诉案件要写"被上诉人"。
(3) 上诉请求和上诉理由,应从以下几方面考虑:一是原判决、裁定认定的事实是否清楚,证据是否充分,案件定性是否准确;二是原裁定、判决适用法律是否正确,量刑是否适当;三是原审法院在诉讼程序上有无违反法律规定,是否影响正确判决。

(三)行政上诉状

行政上诉状的结构和写作方法与民事上诉状相同。

四、上诉状的写作要求

写好上诉状首先要确定上诉点。上诉点指一审裁判关键性的问题、错误,它是上诉状写作的焦点、证明的对象。确定上诉点的思维依据和出发点仍然是法律规范和证据事实,主要途径是逻辑思维的分析与综合。我们可以从以下几个方面入手。一是根据程序法来对照、分析一审程序活动有无严重违反法定诉讼程序的情况。二是围绕事实定性、事实是否清楚两个主要问题来分析。三是针对一审处理内容,对照法律规范的"处理"部分,从量度的轻重、强弱程度方面分析,例如当事人承担的法律后果超出了法定范围、混合过错案件责任分担不合理等。然后,根据上诉点提出观点,提出上诉请求和理由。

例文

民事上诉状

上诉人:×××。男,×族,硕士研究生,19××年××月出生,系安徽××职业技术学院教师,住安徽××职业技术学院家属楼1号楼×单元×号。

被上诉人:安徽××职业技术学院。法定代表人:×××,该院院长。

上诉人因教育服务合同纠纷一案,不服淮南市田家庵区人民法院[2008]田民一初字第129号判决(2008年5月29日宣判)。上诉人于6月20日收到其该判决书,现依法提出上诉。

上诉请求:

1. 撤销淮南市田家庵区人民法院[2008]田民一初字第129号判决。
2. 依法对上诉人作出不违约的判决。
3. 案件受理费由被上诉人承担。

事实和理由：

一、淮南市田家庵区人民法院认为我构成违约，显然没有任何根据，也没有任何法律依据。应予改判。

1. 淮南市田家庵区人民法院认为我构成违约，显然没有根据。

一审在判决书中"本院认为：2006年7月，被告从安徽大学研究生部毕业回原告处只工作1年零1个月，未经原告同意，于2007年9月1日即不再到原告处工作，擅自到上海大学读博，已构成违约"。但一审却没有指出我违反了协议的哪一条。我认为：我的行为没有违反两份协议中的任何条款。在《定向委托培养硕士研究生协议书》中关于违约的条款只有第7条：乙方毕业后，必须在我院服务至少五年才能提出流动。我没有提出流动。读博并不是流动，通常所说的流动，是指工作关系的流动，而上诉人的工资关系和人事关系都在安徽××职业技术学院，目前我除了安徽××职业技术学院外，再无其他工作单位。在《职称晋升协议书》中只有乙方的权利与职责的第2条对违约作出了规定：自获得职称晋升批准之日起，晋升副高职称的，在本单位服务期不得少于6年。而且第3条：在职读研或读博期间，聘用中级或副高职称的，在本单位服务期原规定的基础上，另外再增加2年。很明显我读博，并没有违反该协议书。另外，作为学校的教师，其工作包括两个方面：一是教学，二是科研。上诉人在读博期间也是以科研的形式服务于被上诉人。

这两份协议书虽然规定了服务期，但没有规定服务期必须是连续的。根据《中华人民共和国合同法》第四十一条，对格式条款有两种以上解释的，应当作出不利于提供格式条款一方的解释。我与安徽××职业技术签订的协议书都是由安徽××职业技术学院提供的格式合同。在一审中对方代理律师也已经承认这是安徽××职业技术学院提供的格式合同。所以应认定服务期是不连续的解释。

然而一审法庭仅以被上诉人的诉因强加在上诉人身上。这没有任何法律根据。

2. 淮南市田家庵区人民法院无视客观事实与法律。

在一审中，我向法院提出的证据，要证明的事实被法院篡改了。

证据一，上诉人的工资卡账户明细，本用来证明我的工资关系还在被上诉人处，也就是我并未提出流动的请求。但法院在判决书中，只说是用来证明工资的支取情况，这显然与我的本意相违背。

证据二，上诉人读博期间发表的文章复印件，本用来证明我在读博期间仍要以科研的形式在为被上诉人服务。但法院在判决书中，只说是用来证明文章的署名为安徽××职业技术学院，并未将我的本意言明。

此外，我还向法院提供了三份协议书，我与安徽××职业技术学院签订《定向委托培养硕士研究生协议书》一份，和2005年及2006年与安徽××职业技术学院签订《职称晋升协议书》各一份，分别证明我与被上诉人签订的协议是格式合同，作出不利于提供格式条款一方的解释。这被法院除掉了，显然这是十分重要的证据。

在双方进行调解的过程中，我曾于2008年3月初就通过法院提出回单位工作，并多次表达了该意愿。但均被安徽××职业技术学院以一是不好分配工作、二是不好管理为由拒绝了。根据《中华人民共和国合同法》第四十五条：当事人为自己的利益不正当地阻止条件成就的，视为条件已成就；不正当地促成条件成就的，视为条件不成就。显然，安徽××职业技术学院为了自己的利益，背离了签订协议的初衷，促成我违约。以法律依据应当视为我未违约。

二、被上诉人的行为，缺乏相关的法律、法规依据。

1. 被上诉人不同意上诉人读博，没有道理，缺乏法律、法规依据。

在被上诉人的起诉状中，被上诉人也称："2007年初，×××向学院要求攻读博士研究生，学院表示就按协议履行，现在不能同意。"然而在两份协议中没有任何条款规定我不允许读博。相反在《职称晋升协议书》中第3条：在职读研或读博期间，聘用中级或副高职称的，在本单位服务期原规定的基础上，另外再增加2年。读博和履行协议并不矛盾。上诉人从考上博起，与被上诉人协商长达9个月之久。被上诉人借履行协议为由剥夺上诉人的受教育权利，是错误的。

2. 被上诉人向法院起诉上诉人违约没有任何证据，没有任何法律、法规依据。

被上诉人向法院提供的四份证据，没有一份证据是证明我违约的。在整个起诉书中只是一句"×××自2007年9月起不再来学院上班，未经同意擅自离职读博，其行为违反《定向委托培养硕士研究生协议书》和《职称晋升协议书》的约定"，显然这个定性是没有依据的，是粗暴武断的。

3. 被上诉人的行为已经背离了签订协议的目的。

上诉人在读博之前就希望通过签订协议书的方式与被上诉人达成新的协议，读博毕业后回校工作。被上诉人拒绝。上诉人又表示完成博士课程（一年后）就回校工作，也被上诉人拒绝。2008年3月初上诉人表示可以马上回校工作，希望学校安排工作。也同样被被上诉人拒绝。很显然这与签订协议的目的与初衷是相违背的。从被上诉人的这些行为可以看出，被上诉人的目的并不是让上诉人为之服务。而是希望和促成上诉人违约。而上诉人在主观上都没有违约动机，在客观上也没有违约的行为。

综上所述，说明淮南市田家庵区人民法院仅仅以简简单单的一句："2006年7月，被告从安徽大学研究生部毕业回原告处只工作1年零1个月，未经原告同意，于2007年9月1日即不再到原告处工作，擅自到上海大学读博，已构成违约"的判决是错误的，特向你院上诉，请求撤销一审法院的判决，依法改判为上诉人不违约。

此致

淮南市中级人民法院

上诉人：×××
2008年7月3日

附一审判决书：

淮南市田家庵区人民法院民事判决书

（2008）田民一初字第129号

原告：安徽××职业技术学院（事证第134040000087号），住所地：淮南市××路××号。

法定代表人：×××，该学院院长。

委托代理人：杨××，安徽××律师事务所律师。

被告：×××（身份证号：××），男，19××年××月××日生，汉族，皖枞阳县人，硕士文化，××职业技术学院教师，住该校家属区1号楼×单元×室。

委托代理人：×××（被告妻子），女，19××年××月××日，汉族，皖枞阳县人，大专文化，无职业，住址同被告。

原告安徽××职业技术学院诉被告×××教育服务合同纠纷一案，于2008年1月3日向本院起诉。本院受理后，依法组成合议庭，公开开庭审理了本案。原告委托代理人杨××、被告×××及其代理人×××到庭参加诉讼。本案现已审理终结。

原告安徽××职业技术学院诉称：1993年10月，被诉人×××到××学院工作，成为本学院教师。2003年5月3日，××学院（甲方）与×××（乙方）订立《定向委托培养硕士研究生协议书》，协议约定：××学院同意×××以委培方式到安徽大学理论物理专业攻读硕士学位研究生。乙方毕业后，必须在甲方服务至少5年才能提出流动，否则，除退回读研期间甲方支付给本人的一切费用（包括工资），退回甲方提供的房改福利分房外，还应赔偿甲方违约金50000元。2006年7月12日，××学院（甲方）与×××（乙方）订立《职称晋升协议书》，协议约定：乙方晋升副高职称后，在××学院服务期不得少于6年，每少一年，赔偿学院24000元。×××2003年9月攻读硕士研究生，学制3年。2006年7月毕业，回校上班，同年8月被聘为副教授。2007年初，×××向学院要求攻读博士研究生，学院表示就按协议履行，现在不能同意。×××自2007年9月起不再来学院上班，未经同意擅自离职读博，其行为违反《定向委托培养硕士研究生协议书》和《职称晋升协议书》的约定，依法应当承担违约责任。为维护用人单位合法权利，维护合同严肃性，特向人民法院提起诉讼，判令被告支付违约金及退还工资等共计242988元，并负担诉讼费用。

原告为支持其主持，向法院提供如下证据：

证据一，《定向委托培养硕士研究生协议书》《安徽大学委托（定向）培养硕士研究生协议书》各一份，证明双方签有合同。

证据二，《职称晋升协议书》、安徽××职业技术学院院政秘（2007）20号文、市属事业单位中高级专业技术服务职务聘任审核登记表各一份，证明双方签有协议及聘任情况。

证据三，赔偿费用清单及相关费用票据，证明被告应赔偿的数额。

证据四，市人事争议仲裁委员会决定不予受理通知书、事业单位法人证书复印件各一份，证明仲裁前置及单位身份。

被告×××辩称：我与安徽××职业技术学院分别于2003年5月30日订立了《定向委托培养硕士研究生协议书》和2006年7月12日订立《职称晋升协议书》，从协议生效之日起，本人都是按照或将要按照协议的要求履行自己的义务。我认为本人没有任何违约行为，理由如下：第一，读博士不是"流动"，通常意义上的人才或人员流动，是指个人工作单位的变动，我的工作关系还在原告人处，除原告外，我并无其他工作单位。我读博作为原告的工作人员继续学习和深造，不是我另外换了一个单位。第二，我读博是为了更好地为学校服务。读博是为了增加学术功力，将来更好地为申诉人服务。况且，即便是现在读博也是在为申诉人服务，我在攻读博士期间发表的论文仍然署单位的名字，其所取得的科研成果也是属于学校的，实际是为原告服务，因为教学与科研都是为单位服务的形式。第三，我与单位签订的协议中没有任何一条规定我不许读博。况且，学校也不应当禁止我读博士，因为继续求学是法律赋予我的权利。第四，协议虽然约定了服务期，但没有约定我必须连续服务，即便是原告认为我现在求学不是为学校服务，但将来我还可以继续服务。因此，我也不构成违约。综上所述，我读博不是流动，我还以科研的形式继续为原告服务，我取得博士学位后，可以更好地为学校服务，因此我没有违背约定，请人民法院驳回原告的起诉。

被告为支持其主张，亦向法院提供如下证据：

证据一，被告的工资卡账户明细，证明工资的支取情况。

证据二，读博期间发表的文章复印件，证明文章的署名为安徽××职业技术学院。

证据三，保证书一份，证明读博毕业后保证回学院上班。

经过原、被告双方举证、质证，本院对双方当事人所举证据认证如下：

1. 原告证据一，被告有异议，认为是格式合同，本院认为该合同客观、真实，予以采信。

2. 原告证据二，被告有异议，认为是格式合同，本院认为该合同客观、真实，予以采信。

3. 原告证据三，被告对真实性无异议，认为工资福利属其上学期间做科研的个人劳动所得，不应该赔偿给原告，本院认为证据客观、真实，予以采信。

4. 原告证据四，被告无异议，本院予以采信。

5. 被告证据一，原告对真实性无异议，认为与本案无关，本院认为证据客观、真实，予以采信。

6. 被告证据二，原告有异议，认为与本案无关，本院认为证据客观、真实，予以采信。

7. 被告证据三，原告有异议，认为与本案无关，本院认为证据客观、真实，予以采信。

经审理查明：1993年10月被告×××从淮南11中学调入原告处工作，2003年5月30日安徽××职业技术学院（甲方）与×××（乙方）签订一份《定向委托培养硕士研究生协议书》，其中第一条规定："甲方同意乙方以委培方式到安徽大学理论物理专业攻读硕士学位研究生。"第七条规定："乙方毕业后，必须在我院服务至少5年才能提出流动。否则，除退回读研期间学校支付给本人的一切费用（包括工资），退回学院提供的房改福利分房外，还应赔偿学院违约金50000元。"2003年5月30日，安徽大学（甲方）与××职业技术学院（乙方）签订一份安徽大学《定向委托培养硕士研究生协议书》，其中第一条规定：甲方同意录取×××为理论物理专业攻读硕士学位委托培养研究生，学制3年。第二条规定：委托培养研究生在学期间，乙方必须每学年开学时将培养费4000元汇入甲方指定账号。第七规定：委托培养研究生毕业后必须回到乙方工作。2006年7月12日原（甲方）、被告（乙方）又签订一份职称晋升协议书，甲方的权利与职责第一条规定："为乙方提供在本单位职称晋升的指标。"乙方的权利与职责第二条规定："自获得职称晋升批准之日起，晋升正高职称的，在本单位服务期限不得少于10年，晋升副高职称的，在本单位服务期不得少于6年，晋升中级职称的，在本单位服务期不得少于4年。否则，晋升正高、副高、中级的人员按缺少年限实际累计计算，每少一年，分别赔偿学院30000元、24000元、20000元。"2006年8月25日被告被原告聘任为副教授职务。2007年初被告向原告要求攻读博士研究生，原告答复不同意，表示应按双方协议履行，同年9月1日被告擅自到上海大学读博，原告即于2007年11月19日不再给付被告工资。被告自2003年9月至2006年7月在安徽大学读研期间，原告给付被告工资46909元，代扣代交住房公积金9298元，发给福利6411元，报销读研学费及路费10370元，合计72988元。

本院认为：原、被告双方签订的《定向委托培养硕士研究生协议书》和《职称晋升协议书》合法有效，2006年7月，被告从安徽大学研究生部毕业回原告处只工作13个月，未经原告同意，于2007年9月1日即不再到原告处工作，擅自到上海大学读博，已构成违约，应承担违约责任。据此，依照《中华人民共和国民法通则》第一百零六条的规定，判决如下：

一、被告×××于本判决生效后十五日内一次性赔偿原告安徽××职业技术学院读研等费用 72988 元，违约金 168000 元，合计 240988 元。

如果未按本判决指定的期间履行给付金钱义务，应当依照《中华人民共和国民事诉讼法》第二百二十九条之规定，加倍支付迟延履行期间的债务利息。

二、驳回原告安徽××职业技术学院的其他诉讼请求。

案件受理费 5045 元，原告负担 50 元，被告负担 4995 元。

如不服本判决，可在判决书送达之日起十五日内向本院递交上诉状，并按对方当事人的人数提出副本，上诉于安徽省淮南市中级人民法院。

审判长　沈敏
审判员　钱建华
审判员　曹守祯
二〇〇八年五月二十九日
书记员　刘媛媛

简析：

这是一份民事上诉状。内容完备、格式规范；在上诉理由部分，应着重就一审判决在认定事实和是非判断上存在的问题进行阐述，无须再对被上诉人的行为作出评判。

第四节
劳动争议仲裁申请书

一、劳动争议仲裁申请书的概念

劳动争议仲裁申请书，是指劳动关系中的双方当事人，即劳动者和用人单位，因对执行劳动法律、法规或劳动合同而发生的纠纷，向劳动争议仲裁委员会提出申请，要求对已发生的纠纷作出裁决的法律事务文书。

随着社会主义市场经济的逐步确立，我国的职工与企业之间的利益矛盾也日渐增多，劳动争议案件呈逐年增长的态势。根据相关法律，劳动争议案件必须经过仲裁程序才能提起诉讼，因此，学习写作劳动争议仲裁申请书非常重要。要写好劳动争议仲裁申请书必先了解仲裁的概念。

仲裁，就是居中裁决。简单地说，就是当双方产生纠纷，而又不能协商解决时，找一个双方都信得过的人（或组织）评理，作出评判。根据相关法律，我国各地级市都设有仲裁委员会，分管法律事务的副市长为仲裁委员会主任。

仲裁与诉讼的相同点是：都是寻求由第三方解决问题；仲裁员与法官评判的依据都是"以事实为依据，以法律为准绳"，如果仲裁的当事人一方或双方不服仲裁，提起诉讼，那么法院的判决结果一般不会有大的差别。所以一般情况下，当事人都接受仲裁结果。

仲裁与诉讼的不同点有如下几点。

一是性质不同。仲裁只具有准司法性质，没有强制力；诉讼具有司法性质，具有强制力。仲裁案件中，当事人一方不服仲裁，仲裁委员会不能强制执行；诉讼案件中，当事人一方不服判决，可以提起上诉，上诉的二审判决即为终审判决，当事人必须执行，一方不愿执行时，另一方可以申请人民法院强制执行。

二是有关称谓不同。仲裁的双方当事人叫申请人和被申请人，诉讼的双方当事人叫原告和被告；仲裁案件由仲裁委员会的仲裁员审理，诉讼案件由人民法院的法官审理；仲裁员都是兼职的，他们都有自己的本职工作，或是教师，或是律师，或是政府工作人员；法官都是专职的，他们在法院上班。

三是相关程序不同。仲裁的程序较简易，耗时短；诉讼的程序较复杂，耗时长。

四是收费标准不同。仲裁的费用较低，诉讼的费用较高。

二、申请劳动争议仲裁的条件及受案范围

（一）申请条件

当事人申请仲裁应具备以下条件。

（1）申请人必须是与申请仲裁的劳动争议有直接利害关系的领导者或用人单位。

（2）申请仲裁的争议必须是劳动争议。如果不是劳动争议，而是民事、经济纠纷，或者是劳动保障行政纠纷，仲裁委员会将不予受理。

（3）必须向有管辖权的仲裁委员会提出仲裁。劳动争议仲裁实行属地管辖原则，由职工当事人工资关系所在地的仲裁委员会负责处理。

（4）有明确的被申请人和具体的仲裁请求及事实依据。

（5）当事人一方要求仲裁的，应当在劳动争议发生之日起60日内提出书面申请，超过时效没有申请的，仲裁委员会将不再受理。遇到不可抗力或有其他正当理由的除外。

（6）申请书及相关材料齐备并符合要求。

(二)受理范围

(1) 因确认劳动关系发生的争议。
(2) 因订立、履行、变更、解除和终止劳动合同关系发生的争议。
(3) 因除名、辞退和解职、离职发生的争议。
(4) 因工作时间、休息休假、社会保险、福利、培训以及劳动保护发生的争议。
(5) 因劳动报酬、工伤医疗费、经济补偿或赔偿金发生的争议。
(6) 法律、法规规定的其他劳动争议。

三、劳动争议仲裁申请书的格式写法

劳动争议仲裁申请书一般包括首部、正文、尾部三个部分。

(一)首部

1. 标题

在申请书的上部居中写"劳动争议仲裁申请书"。

2. 当事人身份事项

劳动者一方写姓名、性别、年龄、职业、工作单位和住所,用人单位一方写明单位全称、地址及法定代表人或主要负责人的姓名、职务。如果有委托代理人的,要写明委托代理人的基本情况。

(二)正文

正文包括仲裁理由及所依据的事实和理由两部分。

1. 仲裁请求

仲裁请求与诉讼请求的写法相同,也要求言简意赅、明确具体、分条列项。

2. 事实与理由

简要说明双方建立劳动关系的时间、方式等内容;双方争议的形成过程和争议的焦点;主要证据;提出请求事项的主要法律依据。

(三)尾部

尾部包括致送仲裁委员会的名称、落款及附项。

在正文结束的下一行空两格写"此致",不需要加冒号,然后在下一行顶格写"××劳动争议仲裁委员会"。

落款包括申请人姓名和日期,申请人是法人或其他组织的要写全称并盖公章。落款的位置在致送仲裁委员会下空两行,靠右侧,注意不要写到页边,要留两个空格。所有应用文的落款都应该如此。

附项有两个内容:一是申请书副本多少份;二是证据材料清单。被申请人有几个,副本就需要几份。申请人是劳动者的,被申请书就是用人单位,副本只要一份;申请人是用人单位的,被申请人可能是多人,副本就需要多份。证据材料清单包括物证、书证等,如起诉状相同。

例文

劳动争议仲裁申请书

申请人:谭××,男,×族,19××年××月××日生,住××市×区××街道××号,身份证号码:×××××,联系电话:15908××××。

被申请人:宁波××有限公司,法定代表人:××,住宁波××开发区××工业园区××路,电话6756××××。

仲裁请求:

1. 裁定被申请人向申请人支付经济补偿金38500元(11000元/月×3.5月,已工作满3.5年,每年一个月)。

2. 裁定被申请人为申请人支付休息日加班工资48552.96元(63.22元/小时×8小时/天×4天/月×12月×2倍)。

注:小时工资=63.22元(11000元/月÷174小时/月)。

3. 裁定被申请人向申请人支付竞业限制补偿费132000元(每月5500元,计2年)。

4. 裁定被申请人向申请人支付保密补偿费120000元(每月5000元,计2年)。

5. 裁定被申请人支付因未安排年休假的工资报酬20691元(68.97元/小时×10小时/天×5天/年×2年×3倍)。

事实和理由:

2017年8月10日申请人进入被申请人宁波××实业有限公司从事管理岗位工作,申请人工作岗位并降低申请人劳动报酬,未与申请人达成一致意见,遂通知申请人解除劳动合同。申请人每周休息日加班一天,但被申请人从未向申请人支付休息日加班工资,被申请人也未按照年休假条例给予申请人年休假待遇。被申请人与申请人签订了保密协议和竞业限制协议,解除劳动关系后申请人要求被申请人足额支付经济补偿金、加班工资、保密费和竞业限制补偿费，被申请人均推诿搪塞，为维护劳动者合法权益，现向贵委提起劳动仲裁，请依法支持申请人的请求。

此致
××劳动争议仲裁委员会

申请人：×××
2020年10月10日

申请人的正常月薪为11000元，一直工作到2020年9月底。2020年9月被申请人无故调整申请。

附：1. 申请书副本1份。
　　2. 证据复印件3份。

简析：
这篇例文格式规范，仲裁请求与事实理由互相对应，显得有理有据。

训练设计

一、知识训练

（一）填空题

1. 生活中人们解决矛盾纠纷的方法有协商、_____和_____三种方式。

2. 起诉状可以分为_____起诉状、_____自诉状、_____起诉状和_____起诉状四种。

3. 起诉状诉讼请求的写作要注意以下四点：_____、_____、_____、_____。

4. 行政诉讼，俗称"_____"。

5. 诉状的主体部分，包括_____、事实与理由、_____，证人姓名和住所等三部分。

6. 上诉状要针对原审裁判认定_____错误或者_____错误，提出_____或者部分否定的事实和_____；针对原审裁判_____不当，提出应当如何适用法律的意见；针对原审在_____上的错误，提出依法应予纠正的意见。

7. 答辩是一种相对于起诉、上诉和申诉的应诉行为，是被告和被上诉（申诉）人依法享有的一项_____权利。

8. 答辩状反驳对方可以针对_____进行反驳，也可以针对对方_____不当进行反驳。

9. 当事人一方要求仲裁的,应当在劳动争议发生之日起_____日内提出书面申请,超过时效没有申请的,仲裁委员会将不再受理。遇到不可抗力或有其他正当理由的除外。

(二) 判断题

1. 民事起诉状的举证责任为原告,即谁主张谁举证。　　　　　　　　　( )
2. 行政起诉状的举证责任为被告,即行政机关必须证明自己没有错。　　( )
3. 行政起诉状的原告只能是行政相对人,行政机关不能对行政相对人提起行政诉讼。　　　　　　　　　　　　　　　　　　　　　　　　　　　　( )
4. 行政诉讼的原告只能是自然人。　　　　　　　　　　　　　　　　　( )
5. 刑事自诉状一般涉及人民检察院没有提起诉讼,被害人有证据证明的轻微刑事案件。　　　　　　　　　　　　　　　　　　　　　　　　　　　　( )
6. 刑事附带民事起诉状可以在一审审理过程中提出。　　　　　　　　　( )
7. 被告有几个人,起诉状的副本就应该有多少份。　　　　　　　　　　( )
8. 被告在法律规定的期限未能提交答辩状的,人民法院不得对案件进行审理。
　　　　　　　　　　　　　　　　　　　　　　　　　　　　　　　　( )
9. 劳动争议仲裁实行属人管辖原则,由职工当事人工资关系所在地的仲裁委员会负责处理。　　　　　　　　　　　　　　　　　　　　　　　　　　　( )

二、能力训练

1. 根据下列材料写一份起诉状。

我叫张小虎,2009年2月22日午饭后,我与朋友李大毛到淮南市田家庵区的××浴池洗澡。我们将衣物、手机及现金等均放入××浴池的衣物柜内,并用该浴池提供的铁锁将衣物柜锁上后入浴洗澡。洗好澡后准备穿衣时,发现衣物柜已被撬开,我的价值2550元的诺基亚N72型手机、300元现金和裤子以及李大毛的手机、钱物等一同被盗,浴池老板遂报警。我认为,我和朋友的手机、钱物等被盗,是由于浴池老板看管不力造成的,根据我国《中华人民共和国消费者权益保护法》等法律法规的规定,浴池老板应承担我及朋友被盗损失的全部赔偿责任。我们虽和浴池老板多次协商,但他却拒绝赔偿。所以我们想去法院告他,让他赔偿我们被盗的手机及现金损失,所有打官司的费用由他承担。

2. 请你根据以下材料,帮助王小二拟写一份答辩状。

我叫王小二,今年38岁,我与妻子在洞山小街开设××浴池,已经经营了很长时间,有许多常年在这洗澡的顾客。2009年2月22日午饭后,有两个人(后来知道叫张小虎和李大毛)来洗澡。我们在此处经营了这么长时间,对来往的顾客都熟悉,可是当天他们前来洗澡实属陌生面孔。我当时并没有多想什么,可当他们洗完澡之后上来穿衣时就说发现衣物柜被撬开,同时衣物柜内的手机与现金一同被盗,随即我就报警。他们认为是我们看管不力造成物品、现金被盗,但我们在此开设普通浴池是为附近居民提供方便,未曾有过类似事件发生,这是大家有目共睹的事实。在他们来买票时,我一再询问他们是否随身携带贵重物品，可他们都没有出声。当时他们要两把铁锁，但他们却把衣物和现金锁在一个衣物柜内，并锁上另一个空柜子，不知他们是何用意。他们两人刚下去淋浴，冲了不大一会便上来说：衣物柜被撬，东西被盗了。我浴池内外醒目的地方都有标语提示，人人皆知，他们如果真的有如此贵重的物品为何不交由柜台保管呢？当天洗澡的人并不多，因此更加不会发生此类事件。在我们看来他们是年轻气盛、无职业的小伙子，他们来我浴池故弄玄虚，是想从我浴池中谋取一定的钱财，当天并没有谁能证明原告二人衣物内真正放置手机和现金。听说他们还到法院去告我，我实在是气愤不过。现在想写一份答辩状，可我不会写，麻烦哪位好心人帮帮我。

3. 就以上两题的材料，假定田家庵区人民法院判决被告王小二赔偿原告主张的损失的一半，被告不服，请你帮他写一份上诉状。

4. 请你根据以下材料，拟写一份劳动争议仲裁申请书。

我校教师施××三年前去读硕士，当时学校和他签订了合同，他读硕士三年期间工资照发，学校还给他出一半的学费，但要求他硕士毕业就回来教书。但他硕士毕业后不回来教书而去读博士，学校给他安排的课他也不上。我们多次叫他回来他就是不回来。所以想请淮南市仲裁委员会仲裁，让他按当初的合同约定回来教书。

参考文献

[1] 杨忠慧. 应用文写作 [M]. 合肥：安徽大学出版社，2011.

[2] 姜鹏. 实用应用文写作 [M]. 北京：原子能出版社，2010.

[3] 张文英. 新编应用文写作教程 [M]. 天津：南开大学出版社，2010.

[4] 高雅杰，郝春生，杨国林. 应用文写作 [M]. 北京：清华大学出版社，2004.

[5] 张涛，梅灿华. 现代办公实用文体写作 [M]. 合肥：安徽大学出版社，2009.

[6] 王金祥，周凡生. 现代应用文写作教程 [M]. 合肥：安徽教育出版社，2011.

[7] 张德实. 应用写作 [M]. 2版. 北京：高等教育出版社，2001.

[8] 王粤钦，马科. 新编应用写作 [M]. 4版. 大连：大连理工大学出版社，2008.

[9] 杨文丰. 高职应用写作 [M]. 北京：高等教育出版社，2006.

[10] 王粤钦，李海燕. 新编财经应用写作 [M]. 4版. 大连：大连理工大学出版社，2010.

[11] 邹绍荣，罗朋非. 应用写作 [M]. 武汉：武汉大学出版社，2010.

与本书配套的二维码资源使用说明

  本书部分课程及与纸质教材配套数字资源以二维码链接的形式呈现。利用手机微信扫码成功后提示微信登录，授权后进入注册页面，填写注册信息。按照提示输入手机号码，点击获取手机验证码，稍等片刻就会收到 4 位数的验证码短信，在提示位置输入验证码成功，再设置密码，选择相应专业，点击"立即注册"，注册成功（若手机已经注册，则在"注册"页面底部选择"已有账号？立即登录"，进入"账号绑定"页面，直接输入手机号和密码登录）。接着提示输入学习码，须刮开教材封面防伪涂层，输入 13 位学习码（正版图书拥有的一次性使用学习码），输入正确后提示绑定成功，即可查看二维码数字资源。手机第一次登录查看资源成功以后，再次使用二维码资源时，在微信端扫码即可登录进入查看。